Francisco de Rojas Zorrilla

La hermosura
y la desdicha

Barcelona **2024**
Linkgua-ediciones.com

Créditos

Título original: La hermosura y la desdicha.

© 2024, Red ediciones S.L.

e-mail: info@linkgua.com

Diseño de cubierta: Michel Mallard.

ISBN tapa dura: 978-84-9953-620-0.
ISBN rústica: 978-84-9816-225-7.
ISBN ebook: 978-84-9897-770-7.

Sumario

Brevísima presentación

La vida

Francisco de Rojas Zorrilla (Toledo, 1607-Madrid, 1648). España.

Hijo de un militar toledano de origen judío, nació el 4 de octubre de 1607. Estudió en Salamanca y luego se trasladó a Madrid, donde vivió el resto de su vida. Fue uno de los poetas preferidos de la corte de Felipe IV. En 1645 obtuvo, por intervención del rey, el hábito de Santiago.

Empezó a escribir en 1632, junto a Pérez Montalbán y Calderón de la Barca, la tragedia El monstruo de la fortuna. Más tarde colaboró también con Vélez de Guevara, Mira de Amescua y otros autores.

Felipe IV protegió a Rojas y pronto las comedias de éste fueron a palacio; su sátira contra sus colegas fue tan dura al parecer que alguno de los ofendidos o algún matón a sueldo le dio varias cuchilladas que casi lo matan. En 1640, y para el estreno de un nuevo teatro construido con todo lujo, compuso por encargo la comedia *Los bandos de Verona*. El monarca, satisfecho con el dramaturgo, se empeñó en concederle el hábito de Santiago: las primeras informaciones no probaron ni su hidalguía ni su limpieza de sangre, antes bien, la empañaron; pero una segunda investigación que tuvo por escribano a Quevedo, mereció el placer y fue confirmado en el hábito (1643). En 1644, desolado el monarca por la muerte de su esposa Isabel de Borbón y poco más tarde por la de su hijo, ordenó clausurar los tablados, que no se abrirán ya en vida de Rojas Zorrilla, muerto en Madrid el 23 de enero de 1648.

Personajes

Don Juan de Moncada
Fabio, criado
Don Pedro de Cardona
Monzón, criado
Laura, dama
Inés, criada
Laín, escudero vejete
Lucindo, viejo
El Rey de Nápoles
La Infanta, su hermana
Danteo, villano
Sergasto, villano
Cazadores del Rey
Acompañamiento

Jornada primera

(Salen don Juan y Fabio.)

Don Juan	Dejadnos solos.
Fabio	Señor, ¿qué suspensión te divierte, que te ha robado el color?
Don Juan	No sé, Fabio.
Fabio	No es de muerte ninguna herida de amor; habla, declara tu mal, que no hay cirujano tal como el bien acuchillado; también soy de amor soldado.
Don Juan	Fabio, mi mal es mortal: Vi una mujer de amor ciego que el sentido me robó: pero más atizo el fuego si a pintar las gracias llego con que el alma me abrasó. Que tantos los rayos son de sus divinos despojos, que ha más su opinión el amor a sus dos ojos que al veneno de su arpón.
Fabio	¿Hiriote Laura divina, luz del Sol, tan peregrina, que en todo el templo no había

más beldad?

Don Juan

      Ya desconfía
mi vida.

Fabio

      ¡Qué no adivina
la curiosidad, Señor,
de un criado! Llega a hablarla,
y empieza a entablar tu amor.

Don Juan

Quiero, pues, Fabio esperarla
aunque muera en su rigor.
¡Qué beldad, y qué hermosura!
¿Hay más divina criatura?
No pudo naturaleza
recopilar más belleza;
merece la fe más pura.

Fabio

Es tan perfecta, Señor,
que me atreveré a decir,
y perdóneme tu amor,
que si no sabe pedir
es del mundo la mejor.
Pues si hablo en su calidad,
no la hay en esta ciudad
mayor que la que ella tiene;
de tu sangre real viene.

Don Juan

Háblame, Fabio, verdad,
que tan rendido a sus ojos
mi corazón se mostró
rindiendo humildes despojos,
que el alma que la miró
ostentó glorias y enojos.

10

Glorias, en verse empleada,
si incierta de ser amada,
en tan divino sujeto:
Enojos, porque en efecto
duda el bien de ser pagada.
y tan rendido me veo
a su gracia y perfección,
que me dice ya el deseo
que hará bien dichoso empleo
mi abrasado corazón.

(Salen Laura, Inés y Laín.)

Laura   Gran fiesta, por vida mía,
hemos tenido este día;
Inés, ¡qué aseo y grandeza,
qué lucida gentileza
en toda la iglesia había!

Inés   Gloriosa puedes estar,
aunque tanta gala juntes,
y esto sin lisonjear
de que has podido matar...

Laura   ¿A quién?

Inés   No me lo preguntes.

Laura   Ya yo sé por quién lo dices;
pero aunque más lo autorices
no espere don Juan favor,
porque se rindió mi amor
a favores más felices.

11

Laín	Y tanto lució tu talle,
	con haber tantos allí,
	que del asiento a la calle,
	ninguno, Señora, vi
	que dejase de alaballe.
Fabio	Advierte, Señor, que vienen
	los luceros que te tienen
	absorto de Laura hermosa,
	a quien el Sol y la rosa
	rayos y beldad previenen.
	Llega tierno y temeroso,
	enamorado y galán,
	que ya te miro dichoso
	si en sus dos ojos están
	los rayos de Febo hermoso.
Don Juan	Tanto rayo, y tanto fuego,
	Ícaro, temo, si llego,
	y bien lo puedo temer,
	siendo forzoso caer
	en el mar incauto y ciego.
(Llega a hablarla.)	Si pudiese mi humildad
	tener licencia, Señora,
	de hablaros, hoy se la dad,
	a un rendido que os adora.
Laura	Decid.
Don Juan	Señora, escuchad:
	Mi libertad segura
	blasonó libertades, ya opresiones
	rinde a tanta hermosura,
	más que libre, contenta en las prisiones,

gozosa con la suerte
que tan dichosa halló llegando a verte.
Un jardín oloroso
fue el templo en que a matar, si a orar veniste,
donde el jazmín lustroso
y el clavel, que de Adonis sangre viste
y demás flores bellas,
miré en mil rostros con afrenta dellas.
Mas el tuyo, en quien pone
tales partes amor, en partes tales
tanto esplendor compone,
que si pretenden competir iguales,
excedes tanto sola
cuanto excede la rosa a la amapola.
Porque hermosura tanta
los sentidos de suerte me ha robado,
que la victoria canta
dejándome de libre aprisionado
con esos ojos bellos
que trueca amor sus flechas hoy por ellos.
Mi alma enamorada
ofrece por despojos una vida
que en tu esfera abrasada
halló descanso en ti, bella homicida,
y halló en tus claros ojos
del aljaba de amor ricos despojos.
Temple tu luz serena
el furioso rigor de mis dolores,
pues mi gloriosa pena
sacrifica a tu honor castos amores,
y solo mi deseo
aspira al dulce fin de honroso empleo.

Laura   Digno sucesor os miro

deste noble y rico estado,
y estar de mí enamorado
tan presto, mucho me admiro.
Ya con temor me retiro
de creer lo que decís,
porque es cierto que fingís
el amor que me mostráis,
y entiendo que me engañáis,
pues que tan presto os morís.
Vivid, don Juan, muchos años,
porque en tanta gallardía,
flaqueza tanta podía
dar que temer otros daños.
No digo que con engaños
burláis hoy mi voluntad,
mas me dice mi humildad,
aunque nobleza la anime,
que por señor os estime
en tanta desigualdad.
Porque el amor entre iguales
se logra, se anima y crece,
igualdades apetece,
mis partes son desiguales
a las vuestras, que son tales,
que las miro sin igual,
y perder os está mal,
por mí, sujeto más alto,
y es quereros bien, si falto
a correspondencia tal;
que si el amor es locura,
vuestro amoroso furor
no espere, no, mi favor,
aunque tanto os apresura
si fue causa mi hermosura,

y ella faltare, seré
aborrecida, y se ve
patente y claro mi daño;
porque os llamaréis a engaño,
en ofensa de mi fe.
Más alto y más rico empleo
merece vuestra persona,
si perdéis una corona
ya aborrecida me veo;
yo soy humilde trofeo
para tanto merecer,
y así vengo a responder,
y estad de aquesto advertido,
que sois muy grande marido,
que soy pequeña mujer.

(Vase.)

Don Juan   ¿Qué, se fue?

Fabio   Una vez no más

Don Juan   ¡Hay más claro desengaño!
Ya es, Fabio, cierto mi daño;
Detenla.

Fabio   Ya es por demás.

Don Juan   ¿Cómo tan de espacio estás
si tan aprisa me muero?
Hoy del vivir desespero,
hoy mi vida se acabó.

Fabio   Pues si Laura te mató,

	hoy resucitarte espero.
Don Juan	Consuela, Fabio, mi vida.
Fabio	Yo, Señor, he de vencer esta valiente mujer, esta gallarda homicida; hoy tu esperanza perdida restituye mi lealtad: Hoy verás mi voluntad.
Don Juan	¿Cómo?
Fabio	Ten, Señor, sosiego, espera y veraslo luego.
Don Juan	Cielos, mi mal remediad. Tocó mi amor el claro desengaño al tiempo que a las puertas de la muerte amaneció mi dicha (¡ay, dura suerte!) Anocheciendo con su mismo engaño, declarose mi amor para su daño; mejor fuera callar, si bien se advierte qué consuelo, le basta a mal tan fuerte qué de consuelo, sobra a un mal extraño. No quiero vida, si me falta Laura, la muerte quiero por el gusto della, pues que fue de mi fuego ardiente el aura hoy un desdén mis glorias atropella, con esperar mi vida se restaura, pues por industria o fuerza he de vencella.

(Vase.)

(Salen Fabio y Laín, vejete.)

Fabio

Esto se ha de hacer sin falta,
y esta cadena tomad,
y estimad mi voluntad
que la enriquece y esmalta.

Laín

Por vos la tomo, que yo
soy hidalgo montañés,
y sirvo a mi dueño, que es
oro que mi fe esmaltó.
Vasallo soy de don Juan
que aqueste condado hereda,
y no habrá quien decir pueda
de los que oyéndome están
que en darle entrada en la casa
de Laura, a quien sirvo hoy,
degenero de quien soy,
porque si su amor lo abrasa
y como vos me decís
se dirigo a casamiento,
loable y bueno es mi intento.

Fabio

Muy bien, Laín, argüís,
que si allá pretende entrar
es por hablar en su amor
y por pagarla mejor.

Laín

En fin, ¿él se ha de casar?

Fabio

Digo que sí; y esto basta
que siendo tan principal,
aunque pobre, no está mal,
siendo hermosa, noble y casta.

Laín	Pues en eso mi bien, fundo,
	que en casamiento tan alto
	de nada pienso estar falto
	mientras viviere en el mundo.
	Que, en fin, por mal que me vaya,
	habrá banquete, habrá fiesta,
	que en ocasión como ésta
	las casas salen de raya.
	Y cuando a medrar no venga
	más que a renovar mis calzas,
	porque ya de puro falsas
	no hay cosa que en pie se tenga,
	será muy grande mi suerte.

Fabio	Tenga esperanza mayor,
	porque don Juan, mi señor,
	que su obligación advierte,
	os sacará de escudero
	y os hará mucha merced,
	esto con cuidado haced
	como del vuestro lo espero.
	Y ahora quedad con Dios,
	que despacio nos veremos
	y en vuestro bien hablaremos.

(Vase.)

Laín	Él mismo vaya con vos.
	Yo me veo con cadena,
	no es mal oficio alcahuete
	si tanto medra un pobrete;
	¿si será falsa; si es buena?
	¿Mas si me hubiese engañado?

No, que es muy hombre de bien;
mas hoy engañan también
los que dello se han preciado.
Todo es engaño y malicia,
ya perdido el mundo está,
éste que de aquí se va
fundó su engaño en justicia.
El mercader nos engaña,
y más si vende fiado;
el tabernero que ha dado
vino, que con agua daña.
Pues el que juega? mal año!
En el dinero, en la cuenta,
si gana diez, cuenta ochenta:
muy valido está el engaño.
Las mujeres nos engañan
en la cara, en los vestidos,
que hasta los pobres maridos
en la calle las extrañan.
La otra, que es como un tizne,
oon unturas, con enredos,
con solo pasar los dedos
sale blanca como un cisne.
La otra, como un pepino,
si con zapatos la ves,
puesta en dos chapines, es
como el más gigante pino.
Y la otra que en mi camisa,
es aguja o alfiler,
caderas se viene a hacer
a puros rollos de frisa.
Yo conozco a una señora,
que Lorenza se llamaba
ayer que fregando estaba,

y es doña Laurencia ahora.
Y así, yo voy consolado,
pues ver la verdad espero
de que no seré el primero
que perro muerto le han dado.

(Vase.)

(Salen don Pedro y Monzón, de noche.)

Don Pedro

Antes que vea mi casa,
a Laura tengo de ver;
¡Ay, Monzón, que desde ayer
toda el alma se me abrasa!
Y tan llena de pesares
que no me puedo alegrar,
en mi vida fui a cazar
que tuviese más azares.
Ayer, corriendo el caballo,
el freno se le rompió,
y tantos corcovos dio
que fue milagro parallo.
Si duermo, allí no reposo,
y si quiero hablar, no puedo,
de pensarlo tengo miedo
de algún gran mal receloso.
Soñé anoche que tenía
una paloma muy blanca,
a quien yo con mano franca
dos mil amores hacía.
Y que un gavilán muy fiero,
teniéndola yo en mis brazos
entre amorosos abrazos,
¡de solo acordarme muero!

A ella se abalanzó
y quizá de envidia de ella,
y fue en vano defendella,
porque tan cerca pasó,
que con las uñas y pico
me la dejó casi muerta;
y aunque el sueño es cosa incierta,
esto a mi desdicha aplico.

Monzón   Pues yo no lo aplico tal,
que a un caballero cristiano
creer en un sueño vano
ni en agüeros te está mal.
¿Eres tú, Mendoza, acaso,
que si la sal se derrama,
se está aquel día en la cama
sin salir de casa un paso?
De un señor destos oí,
que estando un día a la mesa
(aun de decirlo me pesa,
que nunca agüeros creí),
y un paje con poco tiento
el salero derramó,
una daga le tiró,
pagando su poco tiento
con la vida, ¡hay tal crueldad!
Yo al paje mas bien matara
si el vino me derramara,
que es de mayor calidad.

Don Pedro   ¡Siempre has de estar tú de humor!
Deja esas vanas quimeras
y háblame una vez de veras.

Monzón	¡Hay más notable rigor! Mira, Señor, que es muy tarde porque ya darán las diez.
Don Pedro (Aparte.)	(Yo muero de aquesta vez; ánimo, valor, cobarde.) Bien dices, llama a esa puerta; aguarda, que viene gente, no llames, Monzón, detente; ya fue mi sospecha cierta. Retírate a aquesta esquina, que no quiero que me vean; ¿sabes tú quien estos sean? ¡Gran mal el alma adivina!

(Escóndense.)

(Salen don Juan y Fabio.)

Don Juan	¿En fin, dijo que abriría la puerta al punto, Laín, y que mi persona, en fin, en su aposento pondría?
Fabio	A las diez dijo, Señor, que viniésemos aquí, y que él estaría allí para que fuese mejor. y que aquella seña hiciese, porque él despierto estaría y en oyéndola saldría porque la puerta te abriese.
Don Juan	Haz la seña, que ya es tarde,

porque el alma enamorada
(incierta de ser amada)
haga de su amor alarde.

(Hace la señal Fabio sacando la espada y dando por la puerta del vestuario;
abre Laín, y entran.)

(Salen don Pedro y Monzón de donde están escondidos.)

Don Pedro	Monzón, ¿qué es esto que veo?
	que para desdicha tanta
	no hay valor ni sufrimiento;
	cayó muerta mi esperanza.
	¿Laura, traidora?, ¿es posible?
	¿No era ayer un ángel Laura?
	Pues en seis días de ausencia
	¿pudo haber tanta mudanza?
	Ven acá; ¿abrieron la puerta
	que halló seis años cerrada
	mi amor, que la abrió con fe
	de ser su esposo y palabra?
Monzón	Sí, Señor, yo la vi abrir.
Don Pedro	Calla infame, infame calla,
	que se engañaron tus ojos.
Monzón	Digo que durmiendo estaba.
Don Pedro	Sí, Monzón, que sueño ha sido,
	porque ya me dice el alma
	que mientes tú, y miento yo,
	y mienten los que la infaman;
	¿no vi dos hombres entrar,

y no los viste tú?, acaba.

Monzón Mira, Señor, ¿que diré?
que si digo sí, me matas,
y si digo no, también.
Digo...

Don Pedro ¿Qué?

Monzón No digo nada.

Don Pedro A fuera vanos contentos,
engañadas esperanzas,
locas imaginaciones,
mal entendidas palabras,
inconstante fe de un griego,
Sinón, que en fuego me abrasas,
mal empleados favores
y glorias mal empleadas,
porque si os tuve por ciertas
con mentiras me engañaba.
Y pues que así os llego a ver,
mejor fuera que cegara;
¿es posible que en seis días
se mudase aquella ingrata,
siendo aurora de mi amor
y de mis ojos el alba?
¿Qué tengo ya que esperar
si su hermoso Sol me falta
eclipsando su luz pura?
¡Quién pensó que se eclipsara!
Contento, imaginaciones,
fuego, fe, esperanzas, ansias,
favores, glorias, mentiras,

seguridad, Sol y alba,
beldad, amor, niebla oscura,
pensamientos y luz clara,
dejadme todos, pues me deja Laura,
poco puede el dolor, pues no me acaba.
León Albano, cruel,
y fiera tigre de Hircania,
basilisco ponzoñoso
que con la vista me matas,
engañoso cocodrilo
que con tu llanto me engañas;
sierpe espantosa de Libia
que me encantas con la cara;
lobo carnicero y fiero
que mi pecho despedazas;
león, tigre, basilisco,
áspid, cocodrilo, ingrata,
sierpe, lobo y todo junto,
pues que tu nobleza infamas,
matadme todos, pues me mata Laura;
poco puede el dolor, pues no me acaba.

Monzón   Señor, mira que te oyen
estas rejas y ventanas,
y que tu infamia publicas
y que puede ser sin causa.

Don Pedro   Ven acá; dime, Monzón,
viste por dicha mi alma,
mas no la conocerás,
porque va muy disfrazada,
que ya perdió su hermosura,
que como era prestada
y Laura se la quitó,

negra se ha vuelto de blanca.

Monzón   Señor, mira lo que dices,
que ya locuras no agradan,
que como todos son locos
y quieren cosas no usadas,
y son tanto las locuras,
no gustan de que las hagas.
Vuelve a tu papel de cuerdo,
que estos señores lo mandan,
y oye, para tu consuelo:
Laura es espejo sin mancha;
no creas, ni aun lo que vieres,
que aquesto en el mundo pasa.
Puede ser que a ver entrasen
alguna falsa criada,
que como sueles entrar
por aquella puerta falsa
del jardín, ellas no quieren
que esté a sus gustos cerrada.

Don Pedro   Déjame, Monzón, que busque
mi muerte esta noche airada.

Monzón   Pues también entró un criado,
y callo, pesia mi alma,
y puede tener mi pecho
muerte, fuego, indicio y rabia,
y puedo decir turbado
y con turbadas palabras,
repitiendo en altas voces,
leona, loca, gualdrapa,
dejadme y matadme, pues Inés me falta,
poco puede el dolor, pues no me acaba.

(Vase.)

(Salen don Juan y Laín.)

Laín   Éste es, Señor, su aposento,
yo voy, por si Laura llama:
pisad, mi Señor, con tiento,
que ya en mi garganta siento
la venganza de su fama.
Si sabe que yo he sabido
que quedáis aquí escondido,
ya mi desdicha me advierte
que tengo cierta la muerte;
mirad si es malo el partido.
Mas cuando vea que tiene
tal dueño, y marido tal,
y que a ganar tanto viene
el premio a su dicha igual
a mi lealtad se previene.
Ahora en aquella parte
que aquella cortina parte
podéis estar escondido,
porque yo a Fabio he metido
a donde aguarde.

Don Juan   Pues parte.
Mi cielo es este aposento,
Laín, aquí esperaré,
que tanta alegría siento
que en albricias del contento
el corazón te daré.

(Salen Laura, desnudándose, y Inés, con una luz, que pondrá sobre un bufetillo.)

Acuéstense esas criadas
que va son las once dadas;
aquesos vestidos coge,
toda esa gente recoge.

Inés   Ya están, Señora, acostadas.

Laura   Déjame esa luz ahí
porque me quiero acostar;
que no eran las diez creí.
No sé qué esta noche vi
que no puedo sosegar.
Quien ama está sin sosiego,
bien pintan el amor ciego;
¡Ay, don Pedro de mi vida!
A ti tengo el alma asida,
ya soy fuego, ya soy hielo.
Seis días ha que te fuiste
a caza; qué mal has hecho;
porque desde que saliste,
dejaste mi tierno pecho
sin alma, afligido y triste.

Don Juan (Saliendo.)   Caminad pasos sin miedo,
pues que merecerla puedo;
ánimo, vil corazón,
que mujer en la ocasión
no está de rendirse un dedo.

Laura   ¿Qué es aquesto?, ¡santo cielo!
¡Tal traición y tal maldad!

Para tu justicia apelo;
ique tan gran temeridad
encubra tu negro velo!
¿Quién eres, hombre, qué quieres?

Don Juan	Quedo, Laura, no te alteres,
	que el amor me tiene aquí,
	y pues me ha encubierto así
	¿por qué mi gloria difieres?
(Desembózase.)	Yo soy don Juan de Moncada,

que al conde, mi padre, heredo
estas tierras y estos mares;
bien sabes, Laura, si miento.
Aquesta noble ciudad
fue de sus condes asiento,
con justa causa elegida
por su nobleza y aseo.
El mar con cerúleas ondas
el pie le besa, erigiendo
altares de verdes ovas,
de espuma y plata cubiertos.
Tributo le paga el mar
desde el humilde cangrejo
a la disforme ballena,
de aquestos mares portento,
la tierra en copia abundante,
por mostrar su rendimiento,
fértil le tributa frutos
en señal de sus deseos.
En Navarra y Aragón
desean mi casamiento
sus dos hermosas infantas
que son de hermosura extremo.
El rey de Nápoles quiere,

con pareceres diversos,
que elija su bella hermana
por aumento de su reino.
Amor, que es ciega deidad
en tan distintos extremos,
no inclinó mi libertad
ni rindió mi libre pecho.
Y yo, que libre hasta entonces
hice de sus flechas juego,
mil beldades desprecie
de que ya el castigo siento.
Las fieras por estos campos,
partos destas sierras, fueron
perseguidas de mi brazo,
pagándome todas feudo.
Desde el jabalí cerdoso
al ciervo y gamo ligeros
me rindieron por despojos
sus colmillos y sus miedos.
Tal vez cansado del monte,
por más llanos hemisferios
busqué liebre fugitiva
y el tímido conejuelo.
El alta región del aire
con entretenidos vuelos
visité con mis halcones
perturbando su sosiego.
Donde remontadas garzas,
que alarde pomposo hicieron
de sus mal guardadas plumas
adorné mis camafeos.
El mar en hundosa plata,
previniendo mis deseos,
me tributó plateados

sus peces en mis anzuelos.
Que por más ostentación
ellos de platos sirvieron,
con que a mi gusto Neptuno
fue tributario perpetuo.
Los altos montes, los valles,
el aire y el mar, tuvieron
en mí ofensas de sus hijos
gran número en largo tiempo.
Con estas cosas pasaba
con este entretenimiento
contenta vida. ¡Ay de mí!
¡Qué poco dura el contento!
Hasta que por mi ventura
miré tus ojos serenos,
espejos donde miré
el alma que ya te ofrezco.
Aún no sé si me miraron,
que a mi libertad sirvieron
de venablos y de arpones
y de amorosos anzuelos
Vengó el monte, el llano, el aire,
y vengó el mar en mi pecho
con solo tus bellos ojos
los hijos que allí perdieron.
Y Cupido vengó injurias
que sus soberbias le hicieron,
humillando a tu deidad
mis soberbios pensamientos.
Con ellos te ofrezco un alma,
y de ser tu esposo ofrezco
la fe y palabra, que hoy
se la niego a tantos reinos.
Mira, pues, lo que me debes,

y mira si salir puedo
de aquí sin el sí dichoso,
premio a amorosos deseos.
Tú hermosa, yo enamorado,
y solos en tu aposento,
necio seré si dejare
la ocasión de los cabellos.

Laura   Don Juan, atenta te oí,
y no sé de qué te quejas;
mal satisfecha me dejas
si tan desgraciada fui.
Si dices que a amar mis prendas
un puro amor te obligó,
¿di qué causa he dado yo
para que mi honor ofendas?
Nobleza tu pecho anima,
y no es posible que hagas
cosa en que no satisfagas
a lo que el mundo te estima.
Y si aquí tu amor es loco,
harelo muy cuerdo yo,
porque el honor me enseñó
a tener la vida en poco.
Con medios tan desiguales
más fácil será juntar
la tierra, el cielo y la mar
en paralelos iguales,
que no estimar yo locuras
de amor con íntimos medios,
y con tan torpes remedios
aficiones mal seguras.
Áspides, brasas y espadas
mi casto pecho me ofrece,

que más el amor merece
en mí que no en las pasadas;
cristiano valor me obliga,
no bárbaro, como a ellas:
Mi valor ha de vencellas
en tan honrada fatiga.
Si algún amor me tuviste,
muéstralo, don Juan, en ser
comedido con mujer
a quien dices que quisiste.
Que vencimiento mayor
será, y de alabanza abismo,
vencerte honrado a ti mismo
que infame perder mi honor.
Yo me tengo de casar,
más honrada, con un hombre
nada inferior a tu nombre,
o la muerte me has de dar.
Ya que con vil proceder
solicitaste mi muerte,
mi resolución advierte,
he de morir o vencer.
Que mujer determinada
en tanto desasosiego,
es infierno, es rabia, es fuego
para su defensa armada.
Y es coger el viento vano
y poner al campo puerta
creer que aun después de muerta
puedas tomarme una mano.

Don Juan   Mira que remedio espero
y que en tu hielo me abraso.

Laura	Desvía, detén el paso, alevoso caballero.
Don Juan	Si ves, Laura, lo que ganas, y que yo la vida pierdo, que del vivir no me acuerdo y que son tus fuerzas vanas, ¿por qué niegas a mi dicha lo que por ella gané? Hoy tu marido seré, aunque pese a la desdicha.

(Llega a abrazarla.)

Laura	¡Cielos, que aquesto sufrís ¡Cielos, que aquesto miráis! ¡Cielos, y no me matáis y vivir me consentís!
Don Juan	Que sirven tantos lamentos a duras orejas, Laura, pues tu honor no se restaura con levantados acentos. Que dar voces tan crecidas no pueden aprovechar, sino solo publicar infamias de amor nacidas. Calla, pues.
Laura	Fiero, tirano, antes que adelante pases, para que vivo te abrases tengo un rayo en cada mano. Antes muerta me verás

que a tu infame amor rendida.
Yo seré de mí homicida
y así no me gozarás.
Los volcanes sicilianos
llevo en el alma y el pecho,
¡mira si en tanto despecho
no son tus intentos vanos!
Que el honor que me provoca
contra tu apetito ciego,
arroja en ardiente fuego
un incendio por la boca.

Don Juan   Ya es por demás advertirme;
                por fuerza te he de gozar.

Laura   Primero me has de matar,
                que mi honor es roca firme.
                ¡Cielo santo, socorredme!
                Inés, Lucrecia, Leonor,
                que me mata este traidor;
                ¡Casto honor, favorecedme!
                ¿No me oye nadie?, ¡ay de mí!

Don Juan   Yo te oigo, que te adoro.

(Éntranse forcejeando.)

(Salen Inés, medio desnuda, y Laín.)

Inés   Alguna desdicha lloro.

Laín   Si lo saben, muerto fui.

Don Juan (Dentro.)   ¿Eres infierno o mujer?

Laura	Cielo, tu remedio espero, · si tu poder considero no me dejaré vencer.
Inés	Laín, esa puerta rompe.
Laín	Qué diablos he de romper, si no me puedo tener del miedo, que me corrompe.
Laín (Dentro.)	No soy mujer, sino furia a quien quisiste quitar el honor, para robar prenda que hasta el alma injuria.

(Suenan dentro golpes en las tablas.)

Inés	En uno de los balcones del aposento escondido de Laura, siento ruido; recelo nuevas traiciones; vamos a verlo, Laín.

(Vase.)

Laín	Hoy me pringan como a negro y a los muchachos alegro, hoy mi vida tiene fin. «Yo me veo con cadena, no es mal oficio alcahuete si tanto medra un pobrete, si será falsa? si es buena?» Ahora me lo dirán

que me sajan puesto en cueros
¿Pondré que los mosqueteros
pidiendo mi muerte están?

(Vase.)

(Salen don Juan y don Pedro, abrazados, con las espadas desnudas rodando por el tablado; desásese don Pedro y levántase; prueba don Juan y no puede, que estará herido; hace fuerza con la espada para levantarse; quiérelo acabar de matar don Pedro, y dice afirmando la espada en el suelo):

Don Juan   Muerto soy, hombre, detente,
que soy don Juan de Moncada
y espada que es tan honrada
no es justo vileza intente.

(Salen Inés y Laín, como antes, con una hacha.)

Inés   No te altere, no te asombre.

Don Pedro (Aparte.)   (¡Cielos, qué podré yo hacer!
Cuando muerto vengo a ver
por mi propia mano un hombre
que es mi natural señor.)

(Sale Monzón todo alborotado con la espada desnuda, y don Pedro llega al herido y lo sustenta.)

Monzón   No me aguardó aquel gallina
que yo le hiciera cecina,
fuese con alas de azor.

Don Pedro   Calla, Monzón.

Monzón   ¿Qué es que calle?
                      Cuando con él me dejaste
                      por la pared que saltaste
                      se echó de un salto a la calle.

Don Juan   Ya, don Pedro de Cardona,
                      que muero tan justamente
                      será razón que te cuente
                      lo que tu valor abona:
                      Mi nobleza te perdona
                      las heridas que me has dado,
                      porque he sido yo el culpado
                      en querer con torpes medios
                      buscar al amor remedios
                      que así me tuvo abrasado.
                      No supe yo que tenía
                      su afición Laura fiada
                      de una espada tan honrada,
                      más dichosa que la mía;
                      ser su esposo la ofrecía
                      y ser mi esposa no quiso,
                      tan grande desdén me hizo
                      hacer tan grande locura;
                      la causa fue su hermosura
                      que fue de mi alma hechizo.
                      Si Laura a mí me dijera
                      que a ti te tenía amor,
                      no intentara tal furor
                      sabiendo que tuya era;
                      nuestra amistad verdadera
                      abona este noble intento,
                      perdona mi atrevimiento,
                      que fui necio en no pensar
                      que no la pudo obligar

38

sí tu noble nacimiento.
¡A ella pido perdone
las ofensas del amor
que hizo el ciego furor
puesto que el amor lo abone,
que no es justo que blasone
de haber rendido a un rendido,
y pues que muero atrevido,
muera también consolado
de que muriendo he ganado
lo que viviendo he perdido.
El Conde, mi padre, viejo,
con el amor que me tiene,
a tu garganta previene
(fuerza es no admita consejo
viendo así roto su espejo)
el cuchillo o el cordel;
huye, pues, don Pedro, dél
que el dolor del corazón
sin medirse a la razón
siempre se mostró cruel.

(Mételo Laín.)

Monzón   ¡Señor, qué hacemos aquí?
Vive Dios, que es linda flema,
que estés mirando de tema
a Laura, que no está en sí.
¿Y ella qué me dice a mí?
no ha sido casi Lucrecia?
No, que tanto el vivir precia,
que sin ver puñal ni espada
no se matara gozada
ni se defendiera necia.

Don Pedro	¿Laura, qué es esto que veo?
	¿Laura, qué es esto que miro?
	Si miro a don Juan, admiro
	en él tan torpe deseo;
	si veo su buen empleo
	envidio resolución
	que pudo hacerlo Faetón
	del Sol con un mismo fin,
	pues murió como él, en fin,
	por más gloriosa ocasión.
	Hoy mi vida infausta ve
	dudar de su cierta muerte;
	el temor allí me advierte
	y el amor me advierte aquí,
	y no sé si aquí o allí
	acuda, Laura, primero;
	si me estoy, la muerte espero,
	que el Conde me la ha de dar,
	si me voy, me he de matar,
	que vivir sin ti no quiero.
	Y guerra tan desigual
	y tan dudosa batalla,
	viene el amor a acaballa
	eligiendo el menor mal.
	No tiene el temor igual
	con el amor si se advierte,
	y tengo por mejor suerte,
	aunque pudiera vivir,
	verte, mi Laura, y morir,
	que no vivir y no verte.
Laura	Don Pedro del alma,
	que sin ti no vive,

combatir me veo
de Scila y Caribdis.
Mi muerta esperanza
su daño publique,
y hagan sus obsequias
mis lágrimas tristes.
Si te ausentas muero,
si te quedas, triste
lloro ya tu muerte.
¡Qué mal tan terrible!
Muera yo, don Pedro,
que el amor me dice
mi vida desprecie
y la tuya estime.
Huye; mas no huyas,
que veo al partirte
partírseme el alma
que en verte consiste.
¿Mas cómo te tengo
y no dejo irte,
oi porque te quedas
tu fin apercibes?
Pues irte y quedarte
es un imposible,
y también lo es
vivir yo y partirte.
Ni vayas ni quedes,
y será posible
si miras que puedo
yo mi bien, seguirte.
Contigo me lleva,
tengamos felices
una misma suerte
si un mal nos aflige.

si fuere contraria
será menos firme,
que el mal repartido
es menos terrible.
Si fuere propicia
será más sublime,
bien comunicado
bienes apercibe,
a remotos reinos
puedo yo seguirte,
que el amor allana
montes de imposibles.
Si dejarme quieres
mil males me oprimen,
que como culpada
querrán perseguirme.
Y estando tú ausente
son menos sufribles
los pequeños males
las penas humildes.
Al rey don Alonso
de Aragón, insigne,
pues su sangre tengo,
iré yo a pedirle
cartas para el Conde,
que si el Rey le escribe
libre te veré
de quien te persigue.
Vámonos, Señor.
Pues estamos libres,
que si aquí te prenden
moriré infelice.
Más vale que en Francia
tu valor publiques,

o en Nápoles bella
una lanza vibres,
que no en Barcelona
en peligros viles
de prisión o muerte
quedes tan a pique.

Don Pedro   Tu parecer, Laura, apruebo,
que llevándote conmigo
toda mi pena mitigo,
pues toda un gloria llevo.
Que si amor me tiene ciego,
el peligro de perderte
ya menosprecia la muerte,
y por verte a ti vivir
quiero más infame huir
que no valiente no verte,

(Vanse.)

Monzón   ¿ha de haber también endoohao?
Que las aguarde un cartujo.

Inés   El diablo aquí a ti te trujo,
siempre traes palabras hechas.

Monzón   ¡Que tenga ahora deshechas
yo las galas de soldado!
Por Dios, que, soy desgraciado,
que merece mi persona
no tan infausta fregona.

Inés   Bien dices, un obispado.

Monzón	¿He sido alcahuete yo?
	Porque yo no metí en casa
	a quien puede, siendo brasa,
	quemar la estopa que vio,
	aunque muy bien lo pagó.
Inés	¿Y lo metí yo por dicha?
Monzón	¿Pues quién lo metió?
Inés	La dicha
	hermosura que has mirado,
	porque siempre se han juntado
	la Hermosura y la Desdicha.

Fin de la primera jornada

Jornada segunda

(Salen el Rey, la Infanta, su hermana, y acompañamiento.)

Rey

Esto me escribe el conde, hermana bella,
y me parece empleo conveniente
a tu estado y tu edad, y igual a ella
don Juan, su hijo, que en los años veinte
muestras ha dado con que aquí atropella
de no hacerlo, cualquiera inconveniente,
fía, pues, hoy de mí tu estado y gusto,
que soy tu hermano y desearlo es justo.
Don Juan es mozo y único heredero
de Barcelona, y mozo en quien se miran
partes de quien aumentos mil espero,
de quien vicios de mozo se retiran;
de príncipes cristianos el primero,
es que a tu casamiento, hermana, aspiran;
muy discreto, cortés, grave, brioso;
es a caballo fuerte, es a pie airoso.
Y aunque estas dignas prendas y otras tiene,
no quiero responder al viejo conde
sin ver tu voluntad, que ya previene
lo que tanto a tu aumento corresponde;
que en tales casos bien sé que conviene
el gusto más que cuanto el mundo esconde,
que casarse con gusto hasta en los reyes
hace de amor suave el yugo y leyes.

Infanta

Hermano, rey, Señor, hónrame tanto
tu alteza, a quien estoy tan obligada
por lo mucho que debo, que me espanto
que acabe yo conmigo esta jornada;
mezclaré la alegría con el llanto

en verme de esta casa enajenada,
porque no hay para mi mayor riqueza
que en Nápoles vivir con vuestra alteza.
Lo mucho que mi amor hoy debe, pago
con el amor, hermano que en mí vive,
con que en parte, no en todo, satisfago
del caudal pobre que mi amor recibe;
de querer solo tengo hoy el amago,
y pues que aqueste amor no lo prohíbe,
tu alteza al conde escriba, que yo digo,
que soy tu hermana y que tu gusto sigo.

Rey

No menos de tu ingenio soberano
y de nobles virtudes que en ti veo
esperé, bella hermana, y en mi mano
quisiera el mundo ver para trofeo
que rendir a tus pies, y fuera vano
don a lo mucho, hermana, que deseo.

Infanta

Guarde Dios a tu alteza, a quien yo vea
Rey de cuanto el Sol gira, el mar rodea.

Rey

Yo voy a despachar a España al punto,
y al conde responder de Barcelona,
Pues le doy en un sí, bello trasunto
de Venus, de Minerva y de Belona;
llore Nápoles hoy, pues perdió junto
lo que pudo perder en tu persona;
haga fiestas España, pues que gana
hermosura tan noble y soberana.

(Vase.)

Infanta

Si no se vende bien por todo el oro

46

la libertad preciosa que poseo
¿Cómo a su estimación consigo empleo,
y a mi valor tan mal guardo el decoro?
¿No es gran bajeza que tan gran tesoro
por solo el nombre entregue al que no veo,
y extraño esposo engañe mi deseo,
que nunca conocí y ausente ignoro?
¡Bárbaro acuerdo, con color de honesto,
pues vida y honra de una sombra fío,
necia resolución, concierto injusto!
¡Mas cielos, qué he de hacer, si doy con esto
corona a mi cabeza, hermano al mío,
a Italia nuevo rey, al reino gusto!

(Sale don Pedro, medio desnudo, y mojada la cabeza como que escapa de alguna tormenta.)

Don Pedro   ¡Valedme, cielos, ay, fortuna airada!
Después de tal desdicha y tal tormenta,
y ya a la vista de la tierra amada,
¡que quedase yo vivo en tal afrenta
y que pise la cumbre cristalina
el alma que me anima y me sustenta!
¿Dónde estás, Laura hermosa y peregrina?
Laura, que de mi alma un tiempo fuiste
laurel de Apolo y Dafne más divina,
si algún amor viviendo me tuviste,
muéstralo en destruir la ingrata vid
que digna de vivir un tiempo viste;
o yo seré forzado mi homicida
o la pena lo es ya de verte muerta:
Pues quedé casi muerto en tu partida,
el bien dudoso y la esperanza incierta,
pues esperar no puedo bien ninguno,

47

hoy de mi amor es la desdicha cierta.
Al mar quiero volver, porque Neptuno
restituya deidades a mi alma,
que sin Laura no tiene bien alguno;
de la mayor victoria goce palma,
que entre tantos naufragios no me queda
sino la vida muerta, el bien en calma;
faltó quien consolar mi vida pueda,
y pues faltó la luz, sobren tinieblas,
cubran mi muerta vida oscuras nieblas.

(Vase a entrar, y por la misma parte sale Lucindo, viejo, que lo detiene.)

Lucindo   Detén, joven, el paso, que te lleva
a acabar sin valor la vida amada,
que no hay dolor que a tal rigor te mueva,
que si tu hermosa luz viste eclipsada,
o es gusto que le falte a tu nobleza
el ser valiente, de que fue dotada;
que morir sin valor es gran bajeza,
y dejarse vencer de la fortuna
es faltar al valor la fortaleza;
el cielo te dará más oportuna
ocasión de quejarte de mí ahora,
si en tu pesar me alcanza parte alguna;
¿qué mal tu triste suerte infausta llora?
¿Qué causa a tal lugar te ha conducido?
¿De dónde vienes?, que mi amor lo ignora,
tus lastimosas quejas causa han sido
de que mi albergue rústico dejase
de tu dolor y pena enternecido,
y pues el cielo quiso que te hallase
en este monte, habitación de fieras,
me obligó tu desdicha a que te amase;

como servirte de mi albergue quieras,
en él con voluntad serás servido
con poco fausto, mas con muchas veras,

Don Pedro   padre, si mis desdichas me han traído
a ver tu rostro, ya me alegra el verte
aunque de lo pasado esté afligido.

Lucindo   Hijo, sigue mis pasos, que a la muerte
caminan presurosos, que en mi cueva
más consuelo tendrá tu adversa suerte
en que el valor del ánimo se prueba.

Don Pedro   Vamos, padre, que allí sabrás mi historia,
verdugo de mi vida en mi memoria.

(Vanse.)

(Salen don Juan y Fabio, criado.)

Fablo   Bien pareciera, Señor,
que en esta noble ciudad
que te tiene tanto amor.
De aquel traidor la maldad
castigaras con rigor.
Si como infame no huyera
y tan apriesa se fuera.

Don Juan   Yo sé que no derramara
don Pedro mi sangre clara
si supiera de quién era.
Y así de traidor el nombre,
Fabio, en rigor no merece,
que me hirió con valor de hombre

y de que huyendo se fuese
tampoco, Fabio, te asombre.
Sin conocerme me hirió,
conociéndome huyó,
y así se deja entender
que en su noble proceder
valor y lealtad se vio.
Valor en poderme herir
valiente y determinado,
y la lealtad en huir,
porque a mi padre enojado
no pudiera resistir.
Solo fue traición llevarme
a Laura, y así dejarme
muerto y vivo, que en rigor
solo de Laura el amor
puede, Fabio, consolarme.
Ay, Laura, qué mal has hecho
en no pagar mi verdad,
que me dejaste en el pecho
la imagen de tu beldad
y en tu firme amor deshecho.
¿Qué haré, Fabio, que me muero?
Si por estrella la quiero
con tal fuerza de estrella,
que en solo verme sin ella
de la vida desespero;
¿de qué me sirven Estados,
valor, gracia y gentileza,
si mis deseos burlados
los miro de una belleza
sin jamás verlos pagados?
¿Que haré, di, en desdicha tal?

Fabio	Divertir, Señor, tu mal, olvidar un imposible.
Don Juan	¿Cómo puede ser posible? Porque es mi amor inmortal.
Fabio	Muy bien: pensando defetos, que la más bella mujer, si adviertes, en sus efetos hallarás que viene a ser, como dicen los discretos, fácil, mudable, liviana, antojadiza y tirana, causa de infinitos males, mira si con causas tales no fue tu esperanza vana; si Laura, tan bien nacida, tan hermosa y tan discreta te pudo costar la vida, y hermosura tan perfeta pudo ser bella homicida. ¿Qué tienes ya que esperar? Prueba, Señor, a olvidar.
Don Juan	Intentas, Fabio, mi muerte, que contenta con su suerte no puede a Laura dejar.
Fabio	¿Quieres olvidarla?
Don Juan	No.
Fabio	¿Pues qué quieres?

Don Juan	Ver a Laura,
Fabio	¿Quién puede buscarla?
Don Juan	Yo, que de su hermosura el aura a su luz mi amor guió.
Fabio	¿Dónde has de hallarla?
Don Juan	En mi pecho
Fabio	morirás con tal despecho.
Don Juan	Viviré con dicha tal.
Fabio	Ya es incurable tu mal.
Don Juan	Inmortal, Laura me ha hecho.
Fabio	¿Cómo puede a ti quererte si a don Pedro quiere bien?
Don Juan	Repara, Fabio, y advierte, que del amor y el desdén nació mi enemiga suerte; el amor crece con celos, son de amor sutiles velos.
Fabio	Sí, pero no averiguados, que estando tan declarados se convierten en desvelos. Un clavo saca otro clavo, saque un amor otro amor,

y pues que tu ingenio alabo,
no quieras con tal rigor
siendo libre hacerte esclavo.
Prueba a amar otra hermosura,
que tu valor me asegura,
que ha de ser muy bien pagado
que más de dos te han mirado
epílogos de hermosura.

Don Juan   No hay beldad que me contente,
Fabio, si digo verdad,
ni mi firme amor consiente
que me incline a otra beldad.

Fabio   ¿No ves que está Laura ausente?

Don Juan   Dentro de mi pecho está,
si allí voy, conmigo va,
si como hermosa la miro,
y si duermo, allí suspiro,
ya despierto o duerma ya.

Fabio   Divierte, Señor, tu pena
haciendo alguna jornada,
pues tiene la fama llena
a Europa de la extremada
hermosura de Sirena;
Sirena del mar ha sido
en la tierra que ha vivido,
Sirena, la infanta hermosa
de Nápoles, que amorosa
muerte en todos ha esparcido.
Disfrazado y encubierto
a Nápoles puedes ir,

y ten, mi Señor, por cierto,
que en la gloria del partir
está tu bien encubierto.
De secreto puedes verla,
pues llegas a merecerla,
si hace que a Laura olvides,
tu valor y tu amor mides
sin temores de perderla.
Que el Rey, su hermano, desea
que este casamiento hagas,
y antes, Señor, que te vea
es bien que te satisfagas;
puede ser que tu bien sea.
Deja a Barcelona, pues
que acabar tu vida ves;
a Italia vamos, Señor,
vea el mundo tu valor
que gloria del mundo es.

Don Juan   No puedo, Fabio, dejar
de ver la casa y la calle
de Laura, y de suspirar
por aquel airoso talle,
por demás es porfiar.
Si fuera la Infanta hermosa
más que el clavel y la rosa,
no puedo, Fabio, quererla
con esto para perderla
no quiero verla quejosa.

Fabio   Por ver a Italia, Señor,
has de hacer esta jornada;
hazme a mí tanto favor,
que tener tu vida en nada

es mostrar tanto rigor.
Tu vida consiste en ella,
porque es la Infanta tan bella,
que en llegándola a mirar
luego a Laura has de olvidar;
tu vida consiste en vella.

Don Juan   ¿Qué, tan hermosa es la Infanta?

Fabio   Tanto, que es del mundo espanto:
desde el cabello a la planta
es un milagroso encanto,
que no hay alma que no encanta.
Es de los montes Diana
la bella napolitana,
Atalanta en ligereza,
es Palas en la braveza,
de fieras y almas tirana.
Parece que se extrentó
naturaleza en hacella,
y que su poder moatró
porque la hizo tan bella
que de verla se admiró.

Don Juan   Tanto me la has alabado
que casi deseo verla,
mas no digo enamorado,
que no puedo amor tenerla
sin que la haya mirado.
La fama nunca enamora,
miente quien ausente llora
si ya aficiona la fama,
que la fama de la dama
es la que el discreto adora.

Por ti la tengo de ver,
disfrazado tengo de ir;
¡si pudiese esta mujer
mi injusto amor divertir!

Fabio   Todo, Señor, puede ser.

Don Juan   Prevén, Fabio, mi partida;
¡ay, Laura, tuya es mi vida!

Fabio   Deja ya, Señor, a Laura,
que tu vida se restaura
si aquí la he visto perdida.

Don Juan   Por tierra tengo de ir.

Fabio   ¿Cuándo te quieres partir?

Don Juan   Esta noche y con secreto.

Fabio   Hasta en eso eres discreto:
Voy, Señor, a prevenir.

Don Juan   Postas tengo de tornar
y he de ir a la ligera,
¿mas si me fuese a casar,
que así mi sosiego altera
la que no puedo obligar?
¡Ay, Laura!, tuyo seré
mucho debes a mi fe;
suspende, Fabio, la ida.

Fabio   Advierte que está tu vida
en la ausencia.

Don Juan	No me iré.
Fabio	¿Cómo no miras, Señor,
	que te importa esta jornada
	divertir tanto dolor?
	Si fue Laura de ti amada
	la Infanta será mejor;
	que si allí la Infanta tiene
	la perfección que previene
	la fama, y a Laura olvidas,
	las esperanzas perdidas
	ganas; esto te conviene.
	A tu padre escribirás
	que efectúe el casamiento,
	y en Nápoles te hallarás,
	que yo de su gusto siento
	que mil gustos le darás.
	Porque él al Rey escribió
	y yo sé que respondió
	muy bien el Rey; esto es justo.
Don Juan	Quiero, Fabio, hacer tu gusto.
Fabio	Tu salud se recobró.
	Voy, pues, a tomar caballos,
	no te arrepientas, Señor,
	por la posta he de ensillallos
	al fin premiaste mi amor,
	al Sol quisiera quitallos.
Don Juan	Vamos, pues, Fabio, a buscar
	quien pueda mi mal curar.

Fabio	Vamos, Señor, que yo espero
	verte sano a ti primero
	que ver sosegado el mar.

(Vanse.)

(Sale don Pedro, vestido de pieles de animales, con un bastón.)

Don Pedro	Montes, que con piadosas,
	aunque duras entrañas, me acogistes
	cuando entre las furiosas
	olas del mar cruel favor me distes
	de verme enternecido,
	pues albergue me dais, prestadme oídos.
	Inclemencias mayores
	que en el soberbio mar para matarme
	hallo en vuestros favores,
	que el mar solo una vez quiso acabarme,
	y con muerte más fiera
	queréis que con vivir mil veces muera.
	Y así montes, en tanto
	que ablando vuestras peñas con mis quejas,
	no quiero que a mi llanto,
	pues muerte no me dais prestéis orejas,
	ni vuestros riscos huecos
	respondan a mi voz con tristes ecos.
	Quejarme quiero al viento,
	mas fue de mi dolor su soplo airado
	enemigo instrumento,
	haciendo con su furia al mar hinchado
	riguroso homicida,
	ya oscura tumba de mi muerta vida.
	Pues los fieros testigos
	de la pena y dolor que me maltratan

también son enemigos,
pues huyen de mi vida y no me matan,
dividiendo inclementes
mis tristes miembros con voraces dientes.
¡Esferas celestiales
que con ojos de luz, argos de estrellas,
mirando estáis mis males,
si ya mi Laura hermosa es una de ellas,
contadle mis enojos,
que lengua y voz tendréis, pues tenéis ojos!
Decidle al Sol hermoso
que ilustra con su luz y vuestros zafiros,
de su infelice esposo
la pena, el ansia, el llanto y los suspiros
con que en este horizonte
lastimo el valle y enternezco el monte.
Decidle, que sus riscos
serán de mis cenizas con mi muerte
funestos obeliscos,
donde con mi dichosa y dulce suerte
muestren siempre por señas
mi mal logrado amor las duras peñas.
Mas ay, dejadla, cielo,
no le contéis mi mal, que el dolor grave
faltando este consuelo
podrá ser que mi vida en breve acabe,
y vaya Laura a veros
bordar cristales y dorar luceros.
Allí suena ruido,
si es algún animal de estas montañas,
que de piedad movido,
viene a darme sepulcro en sus entrañas,
salirle quiero al paso
porque mitigue el fuego en que me abraso.

(Va don Pedro a subir por un monte que estará hecho en el teatro, y al mismo tiempo que sube, viene la vuelta de abajo rodando Monzón, con un pan ensangrentado en las manos, y la cara llena de sangre, que vendrá herido.)

Don Pedro   ¡Válgame el cielo divino!
                     ¡Ya está muerto, hay tal maldad!
                     ¿Quién vio mayor crueldad?
                     Algún gran mal adivino.
                     ¿Qué hombre es éste que veo?
                     ¿Qué desdicha o desventura
                     lo ha dejado en la figura
                     que yo para mí deseo?
                     Que a éste la muerte halle?
                     Mas con esto se me advierte
                     que quiere mi adversa suerte
                     que muriendo viva y calle.
                     Remedio quisiera dar
                     al que mi mal acompaña,
                     y no sé tan justa hazaña
                     cómo pueda ejecutar.
                     Porque si a la cueva voy
                     a llamar el viejo santo,
                     muriéndose aquí entre tanto
                     menos remedio le doy.
                     Impedir será mejor
                     la sangre que salir veo,
                     que está desmayado, y creo
                     me dará el cielo favor.

(Llega a apretarle la cabeza, y vuelve Monzón en sí muy despavorido.)

Monzón   ¡Jesús, no me mates, hombre,
                     si eres cristiano, detente,

que no es justo que se intente
hazaña que al mundo asombre!
Ya estoy muerto, ¿qué me quieres?
No me acalles de matar.

Don Pedro   Ya empieza el alma a dudar;
dime, pues, hombre, ¿quién eres?

Monzón   Soy un hombre desgraciado
de tierras muy apartadas,
que aquí me han muerto a pedradas
porque el sustento he buscado.
¡Mas ay, Dios!, ¿eres visión?
¡Válganme diez letanías!
Dime pues lo que querías
si importa a tu salvación.
¿Eres espíritu acaso?

Don Pedro   ¿Qué tienes, hombre?, ¿qué huyes?
¿Por qué de verme rehuyes!
Aguarda, dotén el paso.

Monzón   Si en el Purgatorio estás
y algunas misas querías,
hoy todas las prendas mías
son seis pedradas no más.
Mira si es mala moneda.

Don Pedro   ¡Dios me valga!; ¿es ilusión
o alguna nueva invención
de mi amor?, para tu rueda,
fortuna airada conmigo;
¿eres Monzón?, ¡hay tal caso!
Las desventuras que paso

hoy contigo las mitigo.

Monzón   Señor, ¿que vivo te he visto
              y no me acaba el placer?
              Pues vivo te llego a ver,
              ya estoy bueno, vive Cristo.
              Ya mis heridas son nada,
              átamelas fuertemente,
              que con el gusto presente
              la pena olvido pasada.

Don Pedro   Solo estabas aturdido,
              ¿ya no te sientes mejor?

Monzón   Ya yo estoy bueno, Señor,
              pues que verte he merecido.
              ¿Escapó Laura del mar?

Don Pedro   ¡Ay, Monzón, que si escapara
              mi vida no se acabara!

Monzón   Ponte de espacio a llorar.
              ¿Así tu valor afrentas?
              Divierte tanto dolor,
              que te morirás, Señor,
              con que acabaremos cuentas.
              Diviértate, pues, mi historia
              y verás lo que he pasado,
              que porque estés consolado
              te la quiero hacer notoria.
              Ya te acuerdas, don Pedro, que salimos
              la oscura noche triste y desgraciada
              que mataste a don Juan, y que estuvimos
              escondidos tres días ¡suerte airada!;

después a Barcelona nos volvimos
los dos, y Laura hermosa y desdichada;
y en un navío que nos dio pasaje
a Nápoles hicimos el viaje.
Asaltonos con furia una tormenta
resistiendo valientes con los brazos,
que fueron de su furia noble afrenta;
roto el árbol, la entena hecha pedazos,
la popa dejó el viento casi exenta
rompiendo jarcias, gúmenas, y lazos,
cuando rendidos descubrimos tierra
haciéndonos el viento mayor guerra.
Cuando un golpe de mar terrible y fiero
embistiendo el navío por la popa
el timón rompe con siniestro agüero,
habiéndolo alijado de la popa;
yo dije entonces, en el agua muero,
(más alegre muriera en una copa);
dos barriles cogí, y atados juntos
al agua me arrojé entre mil difuntos.
Mil veces la cabeza me cubría,
y siempre a mis barriles agarrado,
y tal vez las estrellas descubría
y otras el centro vi del mar salado;
ya la muerte los ojos me cubría
y habiendo el ciclo a voces invocado,
a tierra el mismo mar me arroja y saca
a pesar del rigor de la resaca.
Nadé en la arena enjuta largo trecho
temiendo triste que en la mar nadaba,
y otro golpe de mar a mi despecho
vivo en la rubia arena me enterraba:
Toqué la tierra y dije, aquesto es hecho,
cuando con tardos pies me levantaba,

turbado el monte miro absorto y quedo,
que el mar no osé mirar de puro miedo.
Miré desierta tierra, y no vi alguna
donde albergar la vida mareada,
ni veo casa, ni señal ninguna
de hallar remedio ni de hallar morada;
penetro el monte oculto a la fortuna
dejando mi remedio (¡oh suerte airada!)
que del trabajo y hambre, intento en vano
subir al alto monte, y vuelvo al llano.
Cierra la noche oscura, horrible y fiera
cerrando a mi ventura su remedio,
y yo como si bronce o mármol fuera,
puesto de mil desdichas en el medio,
inmóvil me quedé y inmóvil era;
para poder vivir no hallaba medio,
hasta que en lo más llano una luz veo
que allí parece la encendió el deseo.
Alenté con la luz la muerta vida
fiando mi remedio en su luz poca,
apresurando entonces mi partida
por descansar del mal que me provoca;
con gran trabajo, y ya casi perdida
la vida que en la muerte airada toca,
llego cerca de un hato de pastores
que era donde la luz mostró esplendores.
Sienten los perros, a mi dicha atentos,
mis tristes pasos y a ladrar me salen,
los pastores dejando sus asientos
de las piedras y palos que hay se valen,
por fiera me tuvieron sus intentos,
no es mucho que por fiera me señalen,
pues si la noche oscura no me ampara
la vida entre sus manos peligrara.

Ocultome un ribazo entre unas peñas
debilitado y muerto aquella noche,
hasta que el alba con lucidas señas
del Sol me dijo que asomaba el coche;
acecho los pastores de unas breñas
y cuando a su cortina quita el broche
sacan ellos del hato su ganado;
unos guían al monte, otros al prado.
Quítome los vestidos, y en un punto
en carnes, por no ser de alguno visto,
a cuatro pies camino ya difunto,
adonde el hato había entonces visto:
llegó el remedio a la desdicha junto,
y con la misma furia el pan embisto
que el lobo más voraz suele al cordero,
que de solo comer la vida espero.
Así la vida mísera pasaba
hasta hallar ocasión de descubrirme
por si mi mal algún remedio hallaba
con que poder después de allí partirme;
ya cabritos, ya cabras les robaba;
mas la fortuna instable y nunca firme,
con mil villanos en confusa turba
mi sosiego esta tarde altera y turba.
Siguiéronme con palos y con hondas
por este monte, que escapar fue dicha
pasé mil riscos, mil cavernas hondas
siguiéndome enemiga la desdicha;
el enemigo mar con fieras ondas,
la amiga tierra con la ofensa dicha,
y cuando me imagino preso o muerto
me da en tus manos mi naufragio puerto.

Don Pedro   Tu historia, Monzón, oí,

y aunque me deja admirado,
en tu desdicha he mirado
lo mismo que he visto en mí.
Yo por el mismo camino
a la tierra al fin llegué,
donde apenas puse el pie
cuando mi muerte imagino.
Busco a Laura, y no la veo,
y quiero volver al mar
y no pudiéndola hallar
en el mar, morir deseo.
Cuando a ejecutarlo voy
un viejo con rostro amable
me detiene venerable;
con él he estado hasta hoy.
Mil veces por la ribera
me halló el Sol llamando a Laura,
y con negarme mi aura
quiere que viviendo muera.
Con este desasosiego
viví sin ella y sin mí,
y este traje me vestí
y en mis lágrimas me anego.
Propuse de no salir
destos montes en mi vida,
que Laura lo fue, y perdida,
la mejor vida es morir.
Con tan extraño rigor
aquí viviré muriendo,
corta vida, a lo que entiendo,
de mi amor y mi dolor,
que no merece tener
mejor vida un desdichado,
vida que muerte me ha dado

estos montes han de ver.
Aquesta cueva he vivido
de Lucindo acompañado;
en ella serás curado
del daño que has recibido.

Monzón   Muy bien menester lo he,
Señor, porque vengo muerto,
que de un pastor el acierto
causa de mi muerte fue.
Con honda un pastor tirano,
como con una escopeta,
iasí dos guijarros meta
en la cholla de un cristiano!

Don Pedro   Monzón, de tu mal pasado
ya llegas donde descanses.

Monzón   Por Dios que a muy pocos lances
quedará Monzón medrado.

(Vanse.)

(Sale Laura, vestida de villana.)

Laura   Pues tan distante estoy de los pastores
que escucharme no pueden ni yo vellos;
quiero contar mis penas y dolores
a quien hizo fortuna ocasión dellos;
salga mi pena oculta,
que en el mudo silencio amor sepulta.
Suba mi triste acento y rompa el orbe,
llegue mi ronca voz a sus oídos;
mas temo que su curso el viento estorbe,

que siempre un desdichado a sus gemidos
tiene por más tormento
los cielos de metal, de bronce el viento.
Pero sale mi voz contra su muro
con tanto fuego de mi ardiente pecho,
que el más denso metal, y bronce duro
sus vivos rayos dejarán deshecho;
que bien podrán mis males
si ablandan montes, derretir metales.
¡Alma gloriosa, que en escaños de oro
(que alegre ocupas) con dichosas plantas,
pisando el claustro del eterno coro
en dulces himnos al inmenso cantas,
ten oreja piadosa
al triste llanto de tu amada esposa!
Si un mismo amor y un lazo dulce y fuerte
dejó las almas de los dos, unidas,
¿por qué con dicha igual no dio la muerte
de un golpe un mismo fin a entrambas vidas?
Mas fue cautela suya,
porque la pierda yo, robar la tuya.
Hasta la misma muerte conjurada
con mi fatal desdicha y suerte esquiva,
por matarme con muerte más pesada,
quiso, muriendo tú, dejarme viva,
que más muerte recibe
quien sin querer vivir, muriendo vive.
¡Pluguiera al cielo, que mis ansias sabe,
que en el profundo mar, don Pedro mío,
de mi cuerpo también la misma nave
fuera sepulcro como fue navío,
que alegre en él muriera
si a entrambos urna como albergue
mas ya que de mi estrella adverso influjo

negó a mi cuerpo tan dichosa palma,
cuando una tabla a tierra lo condujo,
dejé en las ondas con el tuyo el alma,
creyendo que con ella
pudiera darte vida y yo perdella.
Y pues el hado me negó el consuelo
de verte vivo o de morir contigo,
io súbeme, mi bien, a verte al cielo
o desciende a la tierra a estar conmigo;
que estar viva y sin verte,
estando tú sin vida, es más que muerte!
La amiga soledad destas montañas
será mi habitación, por ver si arroja
tu cuerpo a tierra el mar de sus entrañas
movida de piedad de mi congoja,
para que en esta sierra,
pues nos mata un amor, cubra una tierra.

(Sale el Rey, en cuerpo, con un bastón.)

Rey   Apartado do mi gente
sigo un gamo fugitivo,
que en aquel cristal nativo
bañó herido su frente.
Imposible es alcanzallo,
mi gente quiero esperar,
que si se pudo escapar
fue por rendirse el caballo.
Aquí una pastora va;
que divino rostro tiene,
con el sosiego que viene

(Aparte.)   (Y que segura que está.)
¡Dios te guarde!, ¡qué hermosa!

Laura	Y a vos os traiga con bien.
Rey (Aparte.)	(¡Qué donaire y qué desdén! No es tan hermosa la rosa.) Estoy cerca de poblado, porque un caballero soy que a matar las fieras voy y ya mi muerte he encontrado.
Laura	Si fieras buscáis, el monte está poblado de fieras que ya discurren ligeras por todo nuestro horizonte. Y si el poblado buscáis, en el llano hay caserías donde he estado algunos días; bien cerca dellas estáis. ¿Mandáis otra cosa?
Rey	No, que después que te miré toda el alma te entregué.
Laura (Aparte.)	(No tengo la culpa yo.) ¿A mí el alma?, ¿cómo o cuándo? Porque no la he recibido. Mas ya de palacio he oído que os estáis siempre burlando. ¡Qué cerca el alma tenéis en las manos o en la boca! Casi a risa me provoca de que tan presto la deis. No querrá vuestra alma estar enseñada a seda y oro

entre el sayal.

Rey
                        Si te adoro
¿por qué me quieres matar?

Laura
¿No veis que es idolatría
adorar, si solo a Dios?
Porque en adorarme vos
cometéis una herejía.

Rey
Basta, que te burlas.

Laura
                        Yo
no hago tal; porque bien sé,
que aunque aquí crédito os dé
no he de mereceros, no.

Rey
El amor todo lo iguala,
ten esperanza mayor,
que como es deidad amor
hace do altiveces gala;
fuera de que yo pudiera
agradecer el favor
que me hicieras con tu amor.

Laura
¡Mal año quién lo creyera!
Pues aunque somos villanas
y entre peñascos nacidas,
somos por acá queridas
con amistades más sanas.
Y si algún pastor se alaba
que alguna su mal remedia
son amores de comedia
que en matrimonio se acaba.

El que pretende ser mío
viene allí, y algo es celoso;
no lo quiero ver quejoso,
y de vuestro trato fío
que no duréis qué decir;
y así ved si mandáis algo,
que si yo en serviros valgo,
os pido que os queráis ir.

Rey   ¿Sin el alma cómo puedo?
volvédmela y yo me iré.

Laura   Volver las almas no sé;
de pensarlo tengo miedo.

Rey   Por la boca y por los ojos
salió el alma, y en tu pecho
ella y mi vida se han hecho
de mi amor ricos despojos;
la restitución te toca.

Laura   Cómo, te suplico apuntes.

Rey   Con que boca y ojos juntes
con mis ojos y mi boca,
y así se me volvería
el alma y vida que entablo.

Laura   ¡Quita, fuera, guarda Pablo!
Eso besarme sería.

Rey   ¡Qué aguda que es la aldeana,
no la he podido engañar!
¡Oh, qué ingenio singular!,

¡qué hermosura soberana!
Muerto estoy de amores della;
si hermosa el alma la vio
y la libertad rindió
con solo llegar a vella.
Yo quiero volverte a ver;
dime tu casa y tu nombre
y tanto amor no te asombre,
¡No vi más bella mujer!

Laura   Mi casa tengo en el valle
de los Olmos de la Fuente,
su recato no consiente
que ningún hombre la halle.
Mi propio nombre es Filena,
y si no queréis más desto,
idos, Señor, y sea presto
porque sea en hora buena.

Rey   Yo me voy, quedad con Dios;
mía quiero amor que seas;
(alma, imposibles deseas).

Laura   Él mismo vaya con vos.

(Sale Danteo, villano, acechando.)

Danteo   Ya se fue el que hablando vi
con Filena; ánimo, amor,
que si es mi competidor,
la vida y alma perdí.
¿Filena, quién era aquél
que hablando contigo estaba?

Laura	Un cazador que buscaba
	su gente, sin mí y sin él.
	Sin mí, porque dijo amores
	que yo no le quise oír;
	sin él, porque va a morir
	viéndose sin mis favores.

Danteo (Aparte.)	(Toda el alma se me abrasa;
	ique de ayer aquí venida
	y hallando tal acogida
	en mi alma y en mi casa,
	no me estime esta mujer
	queriéndola yo hacer mía!
	Ya mi vida desconfía
	de poderla merecer.)
	Filena, cuya hermosura
	fue asombro de nuestros campos,
	cuyos bellos ojos fueron
	a mi pecho airados dardos;
	en cuyo cabello hermoso
	se ve corrido el topacio,
	y Febo robó sus hebras
	para más lucientes rayos;
	cuya frente blanca y lisa
	es de la azucena espanto,
	cuyas cejas bien formadas
	son del cielo hermosos arcos,
	guarnición de dos cristales,
	en cuya luz se miraron
	las gracias que sus dos niñas
	enriquecieron y honraron;
	en cuyas blancas mejillas
	esparció claveles Mayo,
	y en tu hermosa boca quiso

competir coral en vano,
con dos hileras de perlas
que su fragancia guardaron,
y son negros los jazmines
con tal boca, cuello y manos;
tanta beldad y hermosura
mis ciegos ojos miraron
y ahora me miro a mí
ya compasión destos campos.
El monte y el valle ocupan
mis vacas por largo espacio,
y mis labores encierran
pan y fruta y miel, dejando
otras cosas que no digo
por no parecerte largo,
que como no te me inclinas
pienso que te estoy matando;
de todo serás el dueño
si no fuere desgraciado,
que las verdades de amor
nunca fiel crédito hallaron
Bien sé que mereces ser
reina del mundo, y que hago
mal en querer merecerte,
y que amarte yo, fue agravio;
mas el amor me inclinó,
el Rey y yo su vasallo:
Éste me dicta, y así
deste amor perdón aguardo.

Laura

Danteo, si aquí perdida
me echaron mis cortos hados,
hallé acogida en tu casa,
vestidos tuve y regalos;

Belisa, tu hermana bella,
amparó mis ciertos daños,
que tú amparaste también
con ánimo y pecho hidalgo;
yo cuando aquí me perdí
y tus pastores me hallaron
a las puertas de la muerte,
de que me libró tu mano,
iba a Roma de mi tierra
a cumplir un voto santo
que a Dios hice estando enferma,
y llegar allá fue en vano.
El mar fiero me quitó
que lo cumpliese, librando
mi vida el cielo sin duda
porque lo cumpliese cuando
tuviese buena ocasión;
ya de cumplirlo lo hago,
que hasta que lo haya hecho
no puedo darte la mano.
Deja, pues, que cumpla el voto.

Danteo   ¿Pues cuándo ha de ser?

Laura   El cuándo
                no lo sé; mas solo digo
                que tiene muy cerca el plazo.

Danteo   Pues mientras se cumple el voto
                dame en albricias los brazos.

Laura   No, Danteo, que lo hice
                de hasta cumplirlo no darlos.

| Danteo | Voto debiste de hacer |
| | de matarme a mí entre tanto. |

(Sale Sergasto, villano.)

Sergasto	¿Qué hacéis aquí, los pastores?
	¿Cómo estáis tan descuidados,
	si el Rey de Nápoles viene
	a vuestra aldea con tantos
	cazadores, que se cubren
	dellos todos estos prados?
	Si lo queréis ver, ya llega
	a aquellos álamos blancos;
	con él su hermana Sirena,
	en cuyos ojos y manos
	vieron los hombres su muerte
	y la primavera el campo.
	Y lleva consigo un hombre
	que diz que halló en lo más alto
	del monte, junto a la cueva
	de Lucindo, el viejo sabio,
	que acompañaba allí a otro
	que imagino que es su amo.
	Llévalo a Nápoles bella,
	que es de los que allá en Palacio
	llaman discretos; ¡qué yerro,
	siendo ignorantes y helados!

| Danteo | ¿Luego en la aldea hará noche? |

| Sergasto | No, Danteo, que es temprano |
| | y a Nápoles llegan hoy. |

| Danteo | Pues si es tan de paso, vamos |

a ver los Reyes.

Sergasto   Yo quiero
ir a ver si los alcanzo.

Laura (Aparte.)   (El Rey era aquél sin duda
que estuvo conmigo hablando,
y si vuelve a verme, temo
alguna desdicha, en vano
disfrazo mi corta dicha
ni mi persona disfrazo,
que la Hermosura y Desdicha
siempre vi que se juntaron.)

Fin de la segunda jornada

Jornada tercera

(Salen la Infanta y Monzón.)

Infanta   En fin, ¿don Pedro está bueno?

Monzón   Mercedes que de tu mano
recibe le tienen sano,
y de obligaciones lleno.

Infanta   ¿No quiere ver la ciudad?

Monzón   No que es fino enamorado,
pues, su Laura muerta, ha dado
en amar la soledad.

Infanta   Finezas son de su amor;
¿era Laura muy hermosa
era discreta, era airosa,
era mucho su valor?

Monzón   Si a todo he de responder
y tantas cosas preguntas,
¿cómo puedo a tantas juntas
de una vez satisfacer?
¿Qué dijiste la primera?

Infanta   Si era hermosa pregunté;
di la verdad, por tu fe.

Monzón   Digo, pues, desta manera:
Tenía negro el cabello,
que si un día se pasaba,
Señora, y no lo peinaba,

parecía de un camello.
La frente era muy pequeña
y lo que della mostraba,
lo cubría y ocultaba
su tan mal peinada greña.
Eran sus ojos ojetes
dentro en los cascos hundidos,
y al derredor guarnecidos
con dos párpados ribetes,
que a sus tildes niñas eran
dos márgenes de lagañas,
muy rojos, y sin pestañas,
como si verdades fueran.
¿Se alegra la sora Infanta?

Infanta

¿Qué es lo qué dices, Monzón?
¡Hay más notable borrón!
Ya su fiereza me espanta.

Monzón

Medrosa debes de ser,
pues aguarda un poco más.

Infanta

Pienso que mintiendo estás,
yo no te puedo creer.

Monzón

Bien harás; mas oye ahora
la nariz como este pomo,
muy torcida y con un lomo;
(verdad te digo, Señora).
Las mejillas, donde libra
Amor su gloria, dos gruesas
y mal formadas camuesas
de aquestas de a tres en libra.
El encaje de la cara

como un Sol de un bodegón,
redondo y largo.

Infanta   Monzón,
en que me engañas repara,
y a las damas y a los reyes
grave delito es mentir.

Monzón   Si no me quieres oír
gran caso haré de esas leyes.

Infanta   No pases más adelante,
porque presumas de hacer
una tan fea mujer,
que me mate o que me espante.
No tengo a don Pedro yo
por hombre de tan mal gusto,
ni aun pensarlo fuera justo
que tal mujer pretendió.
¡Jesús, vengada quedara
si yo a don Pedro quisiera,
de que tal fineza hiciera
por deformidad tan rara!

Monzón   ¿Luego a don Pedro, Señora,
no es de quererlo tu intento?
Perdona mi atrevimiento
que imagino que te adora.

Infanta   Yo, Monzón, compadecida
de ver entre aquellas peñas
y con desdichadas señas
tanta nobleza escondida,
porque en el talle y la cara

	mostraba ser principal,
	y viéndolo en tanto mal
	hoy mi nobleza le ampara.
	Mas dime, ¿tiéneme amor?
	¿Habla alguna vez de mí?
	¿Comunícate algo a ti
	de su gusto o su dolor?

Monzón

Está tan agradecido
de la merced que le haces,
que ayer me dijo que traces
su remedio, y yo lo pido.
Quisiera hablarte.

Infanta

                ¿Él a mí?

Monzón

A ti; ¿pues milagro fuera
que una Infanta le quisiera?

Infanta

Muy fuera deso le vi;
fuera de que yo procuro,
por inclinación que tengo
su remedio, que prevengo
más provechoso y seguro.
Si a España quiere volver
darele dineros yo,
Pues que Laura se ahogó,
para que lo pueda hacer.
Yo pienso que ésta es acción
de nobleza a mí debida,
porque el amor en mi vida
no tiene jurisdicción.

(Aparte.)   (¡Ay, don Pedro, muerta estoy!)

Monzón	En fin, ¿no es más de virtud el mirar por su salud?
Infanta (Aparte.)	(Cuando a declarar me voy me detienen los respetos que debo a mi calidad; petardo es la voluntad, y con los mismos efectos si pega fuego el amor o batir o reventar.)
Monzón	¿Qué dices?
Infanta (Aparte.)	No puedo amar (¡hay más notable rigor!) a don Pedro más de aquello que permite el ser quien soy.
Monzón	Pues yo te he mirado hoy con señales de querello.
Infanta	¿Cómo señales?
Monzón	Señales en la cara, en los sentidos, en esos ojos dormidos; mira si con señas tales merezco que me des parte de tu alma y de tu pecho, que a mí don Pedro me ha hecho testigo que llega a amarte.
Infanta	¿Y Laura?

Monzón	Ya se ahogó,
	con decirle algunas misas,
	obligaciones precisas
	entiendo yo que cumplió.

Infanta	Poco amor fuera olvidar
	don Pedro a Laura tan presto.

Monzón	Eso fuera en razón puesto
	pudiendo resucitar;
	mas si por ella mató
	al conde de Barcelona,
	de quien, como una Belona,
	con valor se resistió;
	y después de haber pasado
	mil trances en tierra y mar,
	al fin se vino a ahogar
	dentro en su cristal salado,
	bien podrá quererte a ti,
	extremo de la hermosura,
	pues que fue nuestra ventura
	verte tan hermosa aquí.
	Pues su persona lo abona
	por tan noble y principal,
	que hay muy pocos del igual
	de don Pedro de Cardona.
	Dejo nobleza heredada
	si ya de sus partes digo,
	toda mi vida le sigo
	sin haberme dado nada;
	que su trato y condición
	su virtud y su nobleza,
	su valor y fortaleza
	con tantas ventajas son,

	que no digo yo, que he sido
	su privanza y su criado,
	mas en todo lo que ha andado
	ha sido el más aplaudido.

Infanta	¿Y está don Pedro muy pobre?

Monzón	No lo sé; por Dios, Señora,
	nunca el dinero atesora
	aunque mil escudos cobre.
	Con que está tan empeñado
	que con mohatras entiendo
	le van siempre consumiendo
	muchos que lo han engañado.
	Y con aquesta desgracia,
	si bien salvó su persona,
	acabose Barcelona
	si no le vale tu gracia.

Infanta	¿Pues yo qué le puedo hacer?

Monzón	No sé, Señora, a fe mía;
	sé que él ayer me decía
	que te deseaba ver.

Infanta	(Yo viviré si le veo),
	yo daré traza, Monzón,
	que me vea en ocasión
	en que logre su deseo.
	Yo trataré con mi hermano,
	que una carta al conde escriba,
	y en su gracia le reciba
	y el perdón le otorgue humano.

Monzón	Vivas más años, Señora,
	que la fama de Lucrecia,
	y más que una mujer necia,
	más que una saludadora.
	Plegue a Dios que con tu gusto
	te cases, para reinar;
	plegue a Dios, que con faltar
	celos no tengas disgusto.
	Plegue a Dios, que el primer año
	tengas un niño tan bello
	que de la planta al cabello
	no tenga falta ni engaño.
	Que Rey de Italia le veas,
	que sea medio español,
	que gane lo que anda el Sol,
	que tengas lo que deseas.
	Plegue a Dios...
Infanta	No digas más
	que por don Pedro y por ti
	todo cuanto he dicho aquí
	presto cumplido verás.
	Ahora vete con Dios
	y vuélveme luego a ver,
	porque pienso mucho hacer
	por don Pedro, y por los dos.
Monzón	Voy, Señora, confiado
	del remedio que hoy espero.
Infanta (Aparte.)	(Ingrato, ausente, yo muero;
	¿qué he de hacer en tal estado?)
Monzón	Don Pedro, grande es tu dicha,

tus glorias resucitaron,
si en Laura se sepultaron
la Hermosura y la Desdicha.

(Vase Monzón, y ella mejorándose en el tablado, empieza a decir un soneto, y al mismo punto sale el Rey diciendo otro; y sin verse dicen entre los dos un soneto.)

Infanta	Ausente dueño, de mi vida muerte,
Rey	ausente dueño, que mi vida acabas,
Infanta	¿cómo, di, me mataste si me amabas?
Rey	¿Cómo podrá mi amor vivir sin verte?
Infanta	¡Qué desdichado fin mi dicha advierte!
Rey	¿De rendir al remedio aquí te alabas?
Infanta	¡Si acogida en mi tierno pecho hallaras!
Rey	¡Grave dolor!, ¡gran daño!, ¡pena fuerte!
Infanta	Muero si callo.
Rey	En verla, vida tengo:
Infanta	Si hablo, vivo.
Rey	Si no la veo, muero,
Infanta	mi vida y muerte por un fin prevengo.

Rey	Vida y muerte de ti, Filena, espero.
Infanta	Pues viva y hable.
Rey	Ya remedio tengo.
Infanta	Porque es ciego mi amor.
Rey	Y desespero. ¿Hermana?
Infanta	¿Rey y Señor, aquí tu alteza?
Rey	¿Aquí estabas?, ¿hermana, que te impide?
Infanta	Melancólica viene tu grandeza.
Rey	El alma de mi cuerpo se divide; llegó el dolor a la mayor alteza, que con la ausencia ningún mal se mide.
Infanta	Muerte fiera la llaman, y yo digo que tan buena opinión apruebo y sigo; no haga en el dolor tu alteza empleo que se apodere de la ingrata vida, que si tan triste aquí siempre le veo será de su salud fiero homicida. Aliente en la esperanza su deseo, no tenga la esperanza por perdida que la mujer servida y regalada a amor se inclina si se ve obligada.
Rey	¡Ay, Sirena, que amor no mira leyes! ¿Qué haré si vi a Filena, hermosa y bella?

Iguala los arados y los reyes,
¿mas qué no hará con tan hermosa estrella?
Que entre los riscos álamos y bueyes
se cría tal beldad, ya se querella,
amor hará la corte a aquella aldea,
que la beldad del mundo allí se emplea,
allí perdí, Sirena, los sentidos,
allí dejé la libertad amada,
no entró el amor en mí por los oídos,
que apenas fue de mí su luz mirada
cuando mis pensamientos vi rendidos
a su brío, a su aseo, a su extremada
gracia, que en ella es tanta la que veo,
que no puede haber más ni más deseo.
Filena me mató ¡bella serrana!
Jacob quisiera ser, servir quisiera
hermosura tan noble y soberana,
si por servicios merecer pudiera
la más bella Raquel, si más tirana;
mas si mi dicha quiere que así muera,
excusado será excusar la muerte,
que sin ella será dichosa suerte.

Infanta   Real poder y soberano tiene
tu alteza en este reino, bien seguro
remedio ya mi amor hoy lo previene,
pues no hay para el poder tan fuerte muro,
que estorbos haga sí a las manos vienen,
y toma mi consejo, le aseguro,
que si de nieve y hielo tiene el pecho,
se verá como cera al Sol deshecho;
tráigala de la aldea donde vive,
perderá la aspereza de la sierra
si en Nápoles tu Alteza la apercibe

regalos y agasajos, de su tierra
presto se olvidará, porque prohíbe
el monte de Cupido tierna guerra,
y obligada mujer, siempre es de cera,
aunque fuerte diamante, esquiva y fiera.
Oblíguela tu alteza, hónrela y diga
quejas, ternezas, que el amor es niño,
que si con celos su rigor mitiga,
dándolos receloso su cariño,
le será reducido a que te siga,
que yo que de laurel la frente ciño,
los celos me obligaran si van muertos
a querer fieras y a buscar desiertos.

Rey   Bien dices, bella hermana; al punto parto
al monte, que Filena ilustra hermosa;
a su padre honraré, pues hoy la aparto
de su casa y sus ojos, si amorosa
me mirare, en su cuello hermoso ensarto
joyas, perlas, diamantes.

Infanta   Justa cosa,
que con perlas y joyas, mujer fuerte,
no la he visto jamás en baja suerte
yo quiero acompañar esta jornada,
breve cuanto gustosa; hacerla quiero,
porque venga Filena más honrada,
(Aparte.)   (Por ver el monte injustamente muero.)

Rey   Eres, hermana, justamente amada.

Infanta   Y yo servir prometo
a tu alteza, que estimo y que respeto.

Rey	Vamos a prevenir esta partida
	que juzgo de mi dicha la primera;
	contigo cobro aliento, cobro vida,
	como si de Filena dueño fuera.
Infanta	Ya la veo a tu llanto enternecida
	y de fuerte diamante vuelta en cera.
Rey	De ti espero mi bien.
Infanta (Aparte.)	(Y yo la palma
	del amor que fue dueño de mi alma.)

(Vanse.)

(Sale don Pedro, solo, como de antes.)

Don Pedro	Éstas las peñas son que me acogieron
	en su aspereza, de la mar cegado;
	allí veo las ondas, que ahogado
	más fieras que las peñas me tuvieron.
	Aquí veo los riscos, que me dieron
	cabida, aunque la muerte he deseado;
	allí veo la mar que me ha quitado
	el bien más bello que mortales vieron.
	Aquí hallé vida; Laura, allí la muerte,
	allí fuera mejor que yo la hallara,
	y que ella aquí viviera, si se advierte;
	mas si yo amor tuviera, acompañara
	acabando mi vida allí su suerte,
	y por buscarla aquí, yo me matara.

(Sale Monzón, de camino, con unas alforjas al hombro, vestido graciosamente.)

Monzón	No pensé hallarte en mi vida.
Don Pedro	¿Qué hay, Monzón, qué hay de la Infanta?
Monzón	Entiendo que está perdida; hoy tu fortuna adelanta, ya previene su partida.
Don Pedro	¡Vendrá a acabar con las fieras!
Monzón	No pensé que tonto eras, no lo quieres entender que conmigo hablaba ayer en amor tuyo de veras; no seas necio amador, que si ya tu Laura es muerta, aunque mereció tu amor, hoy tu ventura concierta la Infanta con su favor. ¿Por qué la quieres perder siendo imposible volver al mundo Laura, aunque bajes al infierno y agasajes su reina?
Don Pedro	¿Pues qué he de hacer?
Monzón	Si aquel marido de Tracia, si ya no hay tales maridos, ganó al infierno la gracia, y sus deseos cumplidos no los vio por su desgracia, ¿qué tienes tú que esperar? ¿Entiendes te la han de dar?

Que ya Garón se murió
y su barca se acabó.

Don Pedro   Nunca con juicio has de hablar;
¿en fin, que la Infanta viene
al monte?, vendrá a cazar.

Monzón   Extremado gusto tiene;
yo lo tengo por azar,
pues esta caza previene,
que si viene a cazar ella
y tú llegas a cogella,
cazador vienes a ser,
pues que cazas tal mujer;
¡qué linda caza y qué bella!

Don Pedro   Calla, necio, ¿pues a mí
la Infanta me ha de estimar?
Que sabías más creí;
¿cómo la puedo obligar?

Monzón   ¿Pues por que no puedes, di?

Don Pedro   Ella Infanta, yo escudero;
casi de risa me muero;
ella estimada en su Estado,
yo de España desterrado.

Monzón   ¡Oh, qué lindo majadero!
¿Pues de eso milagros haces?
Mayores cosas se han visto.

Don Pedro   Más adelante no pases.

Monzón	Mira que en Palacio asisto.
Don Pedro	¡Ay, Laura, que te ahogases!
	¿En fin, dijo, que quería
	venir al monte la Infanta,
	y en el monte me hablaría?
Monzón	Sí, que tu bien se adelanta,
	y hoy se acaba tu porfía.
	Ya de Laura no te acuerdes,
	que si a Laura muerta pierdes
	de laurel ciñes la frente,
	y con el gusto presente
	olvidas sus rejas verdes;
	y porque crédito des
	a lo que te he dicho aquí,
	aunque tan claro lo ves,
	aqueste papel por mí
	será testigo y juez.
	Éste la Infanta te escribe,
	éste tu bien apercibe
	leyéndolo, dél sabrás
	lo que he dicho y mucho más.
Don Pedro	Mi muerta esperanza vive;
	muestra, Monzón, lo veré.
Monzón	Y verás en él tu dicha.
	Dos liciones te daré
	con que dé fin tu desdicha;
	léelo y te las diré.
Don Pedro	No sé si lea, Monzón,
	el papel, porque éstas son

señales de mi ventura,
y aunque es tanta su hermosura
no ha prendado el corazón;
si la Infanta a mí me estima
no pudiéndola igualar,
mi humildad me desanima
si ya el venir a ganar
tanto bien, mucho me anima.
A Laura el mar ahogó
y mi amor no se acabó;
a Barcelona perdí,
y a la hermosa Infanta vi
y ella me favoreció.
Ella en el monte me escribe.
Yo temo mi corta dicha.

Monzón   Valor, Señor; apercibe
que, no vive la desdicha
donde el bien se aloja y vive.

Don Pedro   Abro, pues, Monzón, la carta,
quito la nema.

Monzón   Descarta
una sota por un rey,
que esto es del amor la ley
y esotro simpleza es harta.

Don Pedro (Lee.) «La muerte de don Juan de Moncada entiendo es
cierta, y mi dicha con ella, pues te veo imposibilitado
de volver a España, y en estado que tienes necesidad
de mí para tu remedio, que ofrezco, pues quiere el
cielo falten Laura y don Juan; ya entiendo llegaré tan

95

presto como Monzón, y trataremos del remedio de los dos.»

(Suena dentro ruido, y dice Laura.)

Laura (Dentro.) ¡Ay, ay!

Don Pedro
¿Monzón, qué es aquello
que parece que se queja
(si adviertes más bien en ello)
una mujer?

Monzón
Ahora deja
la carta, vamos a vello.

Laura (Dentro.)
¿Qué es esto desdicha fiera?
Acábame de matar;
permite, cielo, que muera,
pues no hallo en tal lugar
quien remedio darme quiera.

Don Pedro ¿A dónde suena el ruido?

Monzón Hacia aquí pienso que ha sido.

Don Pedro
Vamos, Monzón, porque en calma
tengo la vida y el alma.

Monzón (Dentro.) ¿Qué puede haber sucedido?

Laura (Dentro.)
Hombre, mátame, y así
me gozarás, que primero
que fiero goces de mí
acabar la vida espero.

Rey (Dentro.)   En vano huyes de mí.

(Sale el Rey, forcejeando con Laura, descompuestos.)

Rey   Apartado de mi gente
te busqué, bella aldeana,
perdido por tu hermosura
hallete dentro en mi alma;
busqué el monte, entre sus breñas
te ocultaste, que aunque estabas
en mi pecho, no querías
que te viese, ni aun el agua
que hiciste espejo dichoso
en que te viste la cara.
Ofrecite enamorado
mi Estado, mi reino y casa,
porque el alma ha muchos días
que es tuya, si mal la pagas.
Despreciaste mis amores
desdeñando mis palabras,
negando a tu propio ser
el ser que de mí esperabas,
que rogadas las mujeres
casi todas sois villanas.
Ofendiste mi poder,
y con ofensas tan claras,
cegó la razón los ojos
al discurso que la ampara.
Junto a la fuente que viste
de mi caballo a las ancas,
forzada te traje aquí
donde tu soberbia para.
Si quieres verte señora

de Nápoles y de Italia,
a Nápoles hoy te llevo
con que tu humildad levantas;
como mi propia mujer
allí serás regalada,
humillando mi poder
a la tierra de tus plantas.
Acepta, pues, el partido,
que tu esperanza te engaña,
que es imposible dejar
de gozarte, aunque forzada.

Laura   En vano ofreces regalos,
en vano, Rey, me amenazas,
porque no hay cosa que trueque
al esplendor de mi fama;
mujer soy, y sola aquí,
Dios defenderá mi causa,
que aquí muerta me has de ver
antes que verme gozada.

Rey   Pues ahora lo verás.

(Llégase a ella.)

Laura   Para ya, fortuna, para;
ifavor, cielo airado, cielo,
mis tristes voces ampara!

Rey   Por fuerza te he de gozar.

Laura   Antes con mi vida acaba.

(Éntranse forcejeando.)

(Sale don Juan y Fabio, de camino, con botas y espuelas.)

Don Juan   Ata esas postas a un chopo,
Fabio; aquestas postas ata,
porque oigo voces muy cerca
del monte; sin duda matan
alguna mujer allí
bandoleros por robarla;
prevén aquesta escopeta
y sígueme, que mi espada
será su amparo esta vez.

Fabio   Bien dices, Señor; ampara
su inocencia castigando
quien su sagrado quebranta.

(Éntranse sacando las espadas.)

(Salen don Pedro y Monzón.)

Monzón   En un caballo morcillo,
vi que una mujer llevaba
un hombre, forzada, y que ella
mil voces y gritos daba;
en el monte se han metido.

Don Pedro   ¡Ay, ángel divino, ay, Laura!
Por socorrer tu inocencia
te perdí.

Monzón   ¡Flema gallarda!
¿Ahora de Laura quieres
repetir historias largas?

acude presto, Señor,
pues obligaciones tantas
te corren por tu nobleza,
y por ser ya cosa usada
en ti desfacer los tuertos
y dar socorro a las damas.

Don Pedro (Dentro.) Pues ahora lo verás.

Don Juan Dispara, Fabio, dispara.

Monzón ¡Mal año!, bocas de fuego,
bandoleros son sin falta.

Don Pedro No temas, Monzón.

Monzón   ¿Quién, yo
contigo y con esta tranca?
camina y verás quién son
los Monzones en España.

(Vanse.)

(Sale don Juan con Laura en los brazos, desmayada.)

Don Juan Labradora, ángel divino;
¡oh, qué hermosura tan rara
dentro del alma la tengo!
¡Oh, si así fuera la Infanta!
Agua quisiera tener
para bañarla la cara;
Fabio no viene, ¿qué haré?
que temo sola dejarla;
más allí dejé un arroyo

que de aquella sierra baja;
ir quiero volando a él
para remediar con agua
el fuego que tan aprisa
hasta el corazón me abrasa.

(Vase.)

(Salen don Pedro y Monzón con la espada desnuda.)

Don Pedro   ¿Hacia dónde era el ruido?

Monzón   Hacia aquellas altas hayas
sentí voces, si no miente
el miedo que me acompaña.
¿Qué diablo me metió a mí
en aventuras tan raras,
que socorriendo doncellas
ya parezco Sancho Panza?
Quijotadas de don Pedro
han de acabar con mi alma.

Don Pedro   Allí veo una mujer,
y está muerta, ¡hay tal desgracia!
Divina presencia tiene.

Monzón   La muerte la tiene mala,
y el temor della también
tiene olorosas mis calzas.

Don Pedro   Llega, Monzón, que no es muerta;
pero está tan desmayada,
que lo parece.

Monzón	¡Qué presto las mujeres se desmayan!
Don Pedro	¡Válgame el cielo!, ¿qué veo?
Monzón	¿Pues de qué, Señor, te espantas? ¿Una mujer medio muerta así tu valor maltrata?
Don Pedro	Un sudor helado y frío desde que miré su cara discurre por mis sentidos que todos mis miembros traba.
Monzón	¿Pues qué puede ser, Señor? Dime si alcanzas la causa.
Don Pedro	Que aquesta es Laura, Monzón, aquí mis ojos se engañan.
Monzón	¡Laura, ¿qué dices, Señor? Parécelo en las desgracias.
Don Pedro	Y aún en la cara también; ¡ay, Monzón, sin duda es Laura, que aqueste traje la oculta arrojada de las aguas, y fue fuerza de su estrella ser hermosa y desdichada.

(Vuelve Laura del desmayo.)

Laura	Acábame de matar, fiero Rey, antes que seas

tirano dueño...

Don Pedro   ¿Deseas
                más desengaño buscar?

(Abre los ojos Laura.)

Laura   Ya empieza el alma a dudar;
                ¿quién eres, hombre, qué quieres?
                Que entre todas las mujeres
                yo sola soy desgraciada
                del fiero mar escapada
                para desdichas...

Don Pedro   ¿Quién eres?
                que si el alma no me engaña
                dentro de mi alma estás;
                llégate a mi pecho más.

Laura   No intentes tan vil hazaña,
                que el valor que me acompaña
                librándome de dos reyes,
                si bien son injustas leyes
                esfuerza mi corazón.

Don Pedro   ¿Eres Laura?

Laura   Laura soy;
                ¿Eres don Pedro?

Don Pedro   Sí, Laura.

Laura   Hoy mi vida se restaura.

Monzón	Ya yo acercándome voy.
Laura	¿Qué, estás vivo?
Don Pedro	Vivo estoy; ¿qué, estás viva?
Laura	Sí, mi bien.
Monzón	Y yo estoy vivo también.
Laura	¿Es Monzón?
Monzón	Sí, mi señora.
Don Pedro	¿Pues quién te mataba ahora?
Monzón	No era don Juan de Moncada, porque éste de una estocada alzó el cerco de Zamora.
Laura	Mi desdicha me mataba, que tan desdichada he sido y tanto me ha perseguido, que hoy a morir me llevaba; en la muerte vida hallaba en el trabajo consuelo, porque no ha criado el cielo mujer con tantas desdichas, que se acabaron mis dichas con perderte a ti en el suelo. Cuando del mar escapé tomó mi fortuna puerto, teniéndole a ti por muerto

en la aldea que se ve,
allí mi acogida fue
la casa de un labrador,
y amor de una labradora,
de donde salía ahora
a divertir tantos males
entre peñas y jarales,
que esto la tristeza adora.
Mas pues que vivo te veo,
es bien que tan gran fortuna
no pierda ocasión alguna
que embarace nuestro empleo;
ya de hoy más sea trofeo
contigo de incierta muerte,
porque mi ventura advierte
que mi desdicha acabó,
pues de tantas me libró
para que llegase a verte.
Padres, parientes y hacienda
riquezas, joyas, regalos,
sin ti los tengo por malos,
y sea, querida prenda,
tu vista quien me defienda
del más pesado rigor
que afligió el más firme amor
y goce solo de ti
que no hay más bien para mí,
y sin ti todo es dolor.
En el traje y en la cara
ya conozco el sentimiento
que fue de mi amor aumento;
si aquí mi desdicha para,
¡para ya, fortuna avara,
fija tu rueda importuna,

y en tal desdicha halle alguna
esperanza de remedio,
mas si está el amor en medio
dé más vueltas la fortuna!
El traje me da a entender
que campos desiertos moras;
yo te adoro, si me adoras
aquí mi amor has de ver;
compañía te he de hacer
en el monte y en poblado,
pues por mí estás desterrado
de tu patria, yo he de estar
desterrada por gozar
de tu vista en tal estado.

Don Pedro   Tu valor y tu hermosura
adoro, Laura, de modo
que ya a vivir me acomodo
en aquesta tierra dura,
y pues quiso mi ventura
que te hallase, si ya muerta
te juzgué, mi amor acierta
en correspondencia tal,
pues hoy dudo de mi mal
y está mi ventura cierta;
entre peñas y lentiscos,
entre fieras y animales
serán mis dichas iguales
al número destos riscos.
Los más fieros basiliscos
serán mis gratos amigos,
que los hombres enemigos
han sido en la propia tierra
y desta continua guerra

serán mis penas testigos.
Monzón en Palacio asiste,
porque Sirena, la Infanta
de Nápoles, le adelanta;
en él mi dicha consiste.

Monzón	Mi lealtad y mi amor viste
en mil sucesos, Señor.

Don Pedro	Ya conozco tu valor.,

Monzón	¿Puédole en algo servir?

Don Pedro	Puedes.

Monzón	¿En qué?

Don Pedro	En acudir
al remedio de mi honor.
Que alguna ocasión habrá
en que a la Infanta la digas
nuestras penas y fatigas
con que remediado está;
al conde le escribirá
el Rey la disculpa mía
que mi inocencia confía
que el cielo la ha de amparar;
que yo no quise matar
a don Juan, ¡oh, infausto día!
Entre tanto, Laura y yo
viviremos retirados
de otro peligro apartados
pues ella en tantos se vio
que no quiero verla, no,

	tan a pique de perder.
Dentro	Hoy su castigo han de ver, mueran los traidores, mueran.
Laura	Si estos los criados fueran del Rey, mi muerte ha de ser.

(Salen riñendo los más cazadores que puedan con don Juan y Fabio.)

Cazadores	Acudid.
Laura	¡Ay, justo cielo, que aquestos dos me libraron de las manos que intentaron romper de mi honor el velo!

(Llega don Pedro con el bastón, y pónese al lado de don Juan, y Monzón con la espada.)

Cazador I	¡No vi tal fuerza en el suelo!
Don Pedro	Aguardad, gente inhumana.
Monzón	¡Hay desdicha más tirana ni mayores aventuras! Siempre topo estas venturas, y siempre de mala gana.

(Sale el Rey con la espada envainada, y pónese en medio.)

Rey	Apartad, que estoy aquí.
Cazador	Solo tu alteza pudiera

	quitar que la muerte diera
	a un traidor.
Monzón	Miren allí,
	ahora garla; eso sí,
	y no aguardó dos porradas
	con todas sus camaradas.
Don Pedro	Y solo tu alteza pudo
	ser su amparo y ser su escudo.
Monzón	Siempre andamos a puñadas.
Don Juan	A las voces lastimosas
	de una mujer afligida,
	por matar un homicida
	dejé el camino, animosas
	las manos a su remedio,
	teniendo por torpe medio
	el forzar la voluntad,
	indigno a la calidad
	de tanta grandeza en medio.
	No me pude prometer
	que vuestra alteza pudiera
	intentar lo que no fuera
	digna acción de su poder.

(Hablan aparte.)

Don Pedro	¿Monzón, qué he llegado a ver?
	Éste es don Juan de Moncada.
Monzón	No sé, no me digas nada,
	porque parezco encantado,

si don Juan muerto ha quedado
y Laura quedó ahogada.

(Hablan aparte.)

Rey   ¿Quién eres que en ocasión
tan injusta para mí
te trajo la suerte aquí
que ya fue mi perdición?
de amor la jurisdicción,
hoy toqué y con fuerza tal
que juzgué por menor mal
gozar forzados favores
que de amor disfavores.

(Hablan aparte.)

Monzón   Es traza a tu amor igual.

(Salen la Infanta y Lucindo, viejo.)

Lucindo   Aquí perdido lo hallé
de una borrasca arrojado,
y de su talle obligado
a mi cueva lo llevé.
muchas veces me decía
de una Laura, que en España
fue su amor (si no me engaña)
y el amor que la tenía,
y que por ella mató
a un caballero Moncada,
cuerpo a cuerpo, espada a espada,
y que huyendo se salió;
otras mil cosas me dijo

de su estado y calidad.

Infanta (Aparte.)   (¡Oh, amor!, ¡oh, ciega deidad
                    y de Venus ciego hijo!)

Lucindo   El Rey, tu hermano, Señora,
                    está aquí, y también está
                    el español.

Infanta (Aparte.)   (¿Qué hará
                    el alma que así lo adora?)

(Habla al Rey.)   A la entrada deste monte
                    aguardé a tu alteza tanto,
                    que ya de la noche el manto
                    se ve por nuestro horizonte.
                    y viéndolo así tardar,
                    salí a buscarlo, por ver
                    quién lo pudo detener,
                    pues pudo a Filena hallar.
                    Este viejo me guió
                    porque le vio discurrir,
                    a este llano dividir.
                    Los cazadores que vio
                    reñir con dos forasteros,
                    que entiendo que estos dos son.

(Hablan aparte.)

Don Pedro   ¿Ésta es la Infanta, Monzón?

Monzón   ¡Oh, qué ojuelos lisonjeros
                    que te ha echado!, y Laura allí
                    la mira, si no celosa,
                    a lo menos recelosa,

que fía mucho de ti.

Don Pedro   ¿Qué he de hacer, Monzón, si veo
                 allí a la Infanta hermosa?
                 ¿Y aquí ya Laura amorosa
                 es muerte de mi deseo?

(Habla con Lucindo don Pedro.)

Lucindo   Don Pedro, la Infanta vino
                 a mi albergue a preguntar
                 tu estado y tu nombre, y dar
                 lustre a las peñas divino.

Don Pedro   ¡Ay, Lucindo! Laura es ésta
                 que el cielo quiso librarla
                 del mar, para restaurarla
                 las penas que amor la cuesta.

Don Juan   ¿Aquesta es, Fabio, la Infanta?

Fabio   Y tan divino sujeto,
                 que dichoso te prometo
                 serás si besas su planta.
                 Habla al Rey, y di quién eres,
                 que ya te miro dichoso.
                 ¿De qué estás, Señor, dudoso
                 y tal ventura difieres?

Don Juan   Bien dices; yo llego, Fabio.

Fabio   Llega con el pie derecho.

Don Juan   Pues yo llego.

Fabio	De provecho será a tu ventura el labio.
Don Juan	Rey de Nápoles invicto, si saber quién soy deseas, óyeme atento y verás mi historia, que es bien que sepas, habiendo de ser mi hermano,
(Todos le miran.)	aquí lo que el cielo ordena. El conde de Barcelona es mi padre, que ya llega a la caduca vejez, largos años, cortas fuerzas desde mi pequeña edad profesé armas y letras, que en los nobles la virtud con la discreción empieza. Crióme mi padre, en fin, como quien su Estado hereda, procurando que creciese a sombra de su obediencia. Amé en Barcelona, pues, una beldad, que vi apenas, rindiendo almas un día con dos rayos diez saetas. Háblela al salir de allí y mis palabras desprecia, porque estaba enamorada de no muy menores prendas. Solicité su cariño con el poder y la hacienda sin que pudiese alcanzar un favor llegando a verla.

113

Un criado de su casa,
por el interés, que ciega
la razón y la lealtad,
conquisté, y éste me lleva
a su felice mansión
dándome tranca la puerta,
y allí usé del rigor
y ella a defenderse empieza,
que el amor en las mujeres
tiene crecidas las fuerzas;
cuando ya casi rendida
una ventana, que era
pasadizo de un jardín,
siento abrir, y entrar por ella
un hombre, que era el dichoso
alcaide de aquella fuerza.
Animose Laura entonces,
y yo a sus voces de piedra
tomé mi espada, si en vano,
porque don Pedro, que hereda
de Cardona noble sangre,
mi injusto pecho atraviesa.
Dejome por muerto allí;
de Barcelona se ausenta,
queriendo el cielo que yo
de la herida no muera.
Aunque me sacó la sangre,
a Laura en el pecho deja,
teniéndome a mí más muerto
saber que a Laura se lleva.
Llamome mi padre un día,
y díjome, que él ordena
el casarme con tu hermana,
del mundo hermosa Sirena.

por olvidar las memorias
del amor que me atormenta
quise verla disfrazado,
que la fama novelera
suele mentir, y en retratos
los pintores lisonjean.
Tomé postas, y partime
con este criado a verla
por si podía sacar
el amor que así me deja.
Oí las voces que dio
una mujer casi muerta,
y dejando allí el camino
aquí llegué a socorrerla
vi la Infanta y vi dos soles
del amor viva saeta,
y apenas vi su hermosura
cuando del amor las flechas
hirieron mi corazón
y rindieron mis potencias.

Rey   Dame, pues, don Juan, los brazos,
porque tu valor es muestra
de tu noble nacimiento,
y demos juntos la vuelta
a Nápoles, donde dueño
de mi casa y pecho seas.
Habla, don Juan, a mi hermana.

Don Juan   Ya me doy la en hora buena.

Infanta   Yo os beso, don Juan, las manos.

Monzón   Llega, pues, don Pedro, y sepa

que estás aquí.

Don Pedro   ¿Cómo puedo
                        si su sangre me destierra?

Don Juan   A don Pedro de Cardona
                        hará buscar vuestra alteza
                        porque se juzga partió
                        en un navío de guerra
                        a Italia, y deseo mucho
                        que a Barcelona se vuelva.

Monzón   Ahora es tiempo que llegues
                        y tu fortuna serena.

Don Pedro   Hoy don Pedro de Gardona
                        pone humilde la cabeza
                        a los pies de tu piedad.

Don Juan   ¿Eres don Pedro?

Monzón   Era fuerza
                        que pareciese don Pedro.

Don Pedro   Don Pedro soy, que estas peñas
                        me acogieron casi muerto
                        después de una gran tormenta.

Don Juan   ¿Y Laura?

Don Pedro   Laura está aquí,
                        y aunque la tuve por muerta
                        en este traje que ves
                        ha vivido en una aldea,

	y es la misma que hoy libraste.
Don Juan	¡Desdichada fue su estrella! Dala en albricias las manos, que el Rey, mi señor, me esfuerza al cumplir la obligación que la tengo a Laura bella.
Rey	Yo ofrezco ser el padrino, y otros brazos la posean por dichosos y yo olvide.
Monzón	No hay para mí cosa buena; después de haber naufragado por la mar, y por la tierra pasar tan grandes trabajos, sin casamiento me dejan.
Don Juan	Con Inés te ofrezco yo dos mil ducados de renta.
Monzón	¿Por poder me he de casar? Aquí un escribano venga.
Rey	Abraza, Laura, a mi hermana.
Infanta	Hoy don Pedro suyo sea, pues Dios la quiso librar.
Don Pedro	Y su fin dichoso vea la Hermosura y la Desdicha.
Monzón	Y la de pedir el poeta mil perdones a mil yerros,

digna acción de su nobleza.

Fin de la comedia

Libros a la carta

A la carta es un servicio especializado para
empresas,
librerías,
bibliotecas,
editoriales
y centros de enseñanza;
y permite confeccionar libros que, por su formato y concepción, sirven a los propósitos más específicos de estas instituciones.

Las empresas nos encargan ediciones personalizadas para marketing editorial o para regalos institucionales. Y los interesados solicitan, a título personal, ediciones antiguas, o no disponibles en el mercado; y las acompañan con notas y comentarios críticos.

Las ediciones tienen como apoyo un libro de estilo con todo tipo de referencias sobre los criterios de tratamiento tipográfico aplicados a nuestros libros que puede ser consultado en Linkgua-ediciones.com.

Linkgua edita por encargo diferentes versiones de una misma obra con distintos tratamientos ortotipográficos (actualizaciones de carácter divulgativo de un clásico, o versiones estrictamente fieles a la edición original de referencia).

Este servicio de ediciones a la carta le permitirá, si usted se dedica a la enseñanza, tener una forma de hacer pública su interpretación de un texto y, sobre una versión digitalizada «base», usted podrá introducir interpretaciones del texto fuente. Es un tópico que los profesores denuncien en clase los docmanes de una edición, o vayan comentando errores de interpretación de un texto y esta es una solución útil a esa necesidad del mundo académico.

Asimismo publicamos de manera sistemática, en un mismo catálogo, tesis doctorales y actas de congresos académicos, que son distribuidas a través de nuestra Web.

El servicio de «Libros a la carta» funciona de dos formas.

1. Tenemos un fondo de libros digitalizados que usted puede personalizar en tiradas de al menos cinco ejemplares. Estas personalizaciones pueden ser de todo tipo: añadir notas de clase para uso de un grupo de estudiantes, introducir logos corporativos para uso con fines de marketing empresarial, etc. etc.

2. Buscamos libros descatalogados de otras editoriales y los reeditamos en tiradas cortas a petición de un cliente.